I
'물결 21' 코퍼스의 구축과 활용

필자
김일환金日煥, Ilhwan Kim 고려대학교 민족문화연구원 HK연구교수
정유진鄭有珍, Eugene Chung 고려대학교 민족문화연구원 HK연구교수
강범모姜汎模, Beom-mo Kang 고려대학교 언어학과 교수
김흥규金興圭 Heung kyu Kim 고려대학교 국어국문학과 명예교수

문화동역학라이브러리총서 11
'물결 21' 코퍼스의 구축과 활용

초판인쇄 2013년 5월 15일 **초판발행** 2013년 5월 25일
지은이 김일환 · 정유진 · 강범모 · 김흥규 **펴낸이** 박성모 **펴낸곳** 소명출판 **출판등록** 제13-522호
주소 서울시 서초구 서초동 1621-18 란빌딩 1층
전화 02-585-7840 **팩스** 02-585-7848 **전자우편** somyong@korea.com **홈페이지** www.somyong.co.kr
값 20,000원

ISBN 978-89-5626-875-0 94710
ISBN 978-89-5626-851-4 (세트)

이 책은 2007년 정부(교육과학기술부)의 재원으로 한국연구재단의 지원을 받아 수행된 연구임(NRF-2007-361-AL0013).

고려대학교 민족문화연구원
문화동역학 라이브러리 11

'물결 21' 코퍼스의 구축과 활용

Handbook of 'Trend 21' corpus

김일환 · 정유진 · 강범모 · 김흥규

문화동역학 라이브러리 문화는 복합적이고 역동적인 구성물이다. 한국 문화는 안팎의 다양한 갈래와 요소가 상호작용하는 과정을 통해 끊임없이 변화해왔고, 변화해 갈 것이다. 고려대학교 민족문화연구원이 주관하는 이 총서는 한국과 그 주변 문화의 복합적이고 역동적인 양상을 추적하고, 이를 통해 한국 문화는 물론 인류 문화에 대한 새로운 통찰과 그 다양성의 증진에 기여하고자 한다. 문화동역학(Cultural Dynamics)이란 이러한 도정을 이끌어 가는 우리의 방법론적인 표어이다.

소명출판

책머리에_'물결 21' 코퍼스, 그 구축 과정을 밝히다

'물결 21' 코퍼스는 단일한 코퍼스로는 세계 최대의 규모이자 최초로 시도된 코퍼스이다. 굳이 세계 최대, 최초 등의 거창한 수식어를 붙이지 않더라도 '물결 21' 코퍼스가 엄청난 규모의 코퍼스임은 두말할 필요가 없다. 2000년부터 발행된 『조선일보』, 『동아일보』, 『중앙일보』, 『한겨레신문』이라는(창간 년대 순) 국내 주요 신문 기사가 모두 포함되었고, 수집된 기사만 하더라도 12년치(2000-2011) 약 226만 기사, 5억2백만 어절에 이른다. 하루 단위로 환산하면 매일 약 608개의 기사, 135,036 어절의 텍스트를 신문에서 생산해 낸 셈이다.

이렇게 대규모로 구축된 언어 자원을 통해 21세기 현대 한국어의 어휘 사용 양상에 대한 포괄적인 정보를 얻을 수 있을 뿐 아니라 어휘 사용 양상의 이면에 내재한 사회·문화적 변화의 트렌드도 분석할 수 있는 계기를 마련하게 되었다. 그런 면에서 보면 '물결 21' 코퍼스는 단순한 언어 분석의 차원을 넘어, 장기간의 사회·문화적 트렌드를 분석할 수 있게 해주는 기반 자원이 된다.

'물결 21' 코퍼스의 구축은 2009년부터 본격화되었다. 신문사로부터 기사 협조를 구하고 자료를 직접 제공받기까지는 적지 않은 시간과 노력이 요구되었다. 이를 가능하게 한 것은 민족문화연구원 전자인문학팀의 노고와 신문사의 적극적인 협조가 있었기 때문이다.

신문사로부터 제공받은 신문 기사는 5억 어절을 상회하는 방대한 규모이다. 따라서 이를 적절히 가공하고 처리하기 위해서는 텍스트를 가공, 분석, 처리하고 형태 분석 정보를 주석하는 등의 정보처리 기술이 요구된다. 고려대학교 민족문화연구원의 전자인문학팀은 전자텍스트연구소 시절부터 21세기 세종계획 코퍼스를 구축하고 처리한 경험이 있었으며 이를 바탕으로 대규모의 신문 기사를 언어 자원화할 수 있었다. 이 과정에서 민족문화연구원의 전폭적인 지원과 연구원들의 노고가 있었다. 이영제, 김혜영, 도재학, 신우봉, 김소희, 최민지, 박은정, 이아름, 김동수, 서채원 연구원과 직원이었던 박희우, 원유경 그리고 많은 학부생들이 이 사업을 위해 수고해 주었다. 양경용 과장은 서버의 유지, 관리에 도움을 주었으며, 형태소 분석 도구와 코퍼스 활용 도구를 위해서는 이도길 교수가 힘써 주었다. 또한 지금은 다른 곳에서 근무하는 김현주, 한나래, 홍정하 박사도 사업 초기에 크게 도움을 주었다. 조선, 동아, 중앙, 한겨레신문사의 기사 관리를 담당하시는 여러 기자들과 직원들의 고생도 잊을 수 없다. 특히 『동아일보』의 김진경 기자는 사업 초기부터 '물결 21' 사업에 많은 관심을 가지고 중요한 조언을 해주기도 하였다. 이 자리를 빌어 감사의 말을 전한다.

이 책은 코퍼스를 이론적으로 이해하려는 독자에게도 도움이 되겠지만 실제로 텍스트를 수집, 가공, 처리하여 대규모의 코퍼스를 구축해 보려는 연구자, 연구기관 등에 특히 유용할 것이다. 적어도 이 책을 통해 노정된 시행착오의 지난한 과정이 다른 연구에서는 되풀이되지 않기를 바랄 뿐이다.

요즘 소위 빅데이터Big data가 주목을 받고 있다. '물결 21' 코퍼스는 규모면에서는 빅데이터로서 손색이 없다. 빅데이터를 이용한 추세 연구가 주목을 받고 있듯이 '물결 21' 코퍼스도 다양한 통계적 기법과 텍스트 마이닝 기술을 적용함으로써 우리에게 새로운 시야를 제공해 줄 수 있을 것으로 기대한다.

구슬을 꿰는 일은 끝났다. 꿴 구슬을 어디에 어떻게 써먹을 것인지 또 다른 차원의 고민이 필요할 때이다.

2013년 5월

안암동 한국학관에서

저자 일동

차례

도입

1. 개요

이 책은 '물결 21' 사업을 통해 구축된 '물결 21' 코퍼스의 기본 구조와 설계 원리, 마크업, 품사 태깅, 활용 도구 등에 대한 포괄적인 내용을 담고 있는 종합 안내서이다.

'물결 21' 코퍼스는 2000년부터 2011년까지 12년 동안 『조선일보』, 『동아일보』, 『중앙일보』, 『한겨레신문』에 게재된 기사 전체로 구성되어 있으며, 정밀한 형태 분석 정보가 주석되어 있는 5억 어절 이상의 방대한 규모의 코퍼스로서, 이 코퍼스를 기반으로 언어 · 사회 · 문화의 변화 추이에 대한 장기적인 연구와 분석이 가능하다.

'물결 21' 코퍼스는 2009년부터 본격적으로 구축되기 시작하였으며 그 과정에서 산출된 세부적인 논의들이 이 책에 모두 포함되어 있다. 따라서 이 책은 매우 실질적이고 구체적인 내용을 포함하고 있으며 앞으로 유사한 사업을 기획하고 수행하려는 기관이나 연구자에게 유용한 정보를 제공해 줄 수 있을 것으로 기대한다.

이 장에서는 앞으로 기술된 내용들을 각 장별로 간략히 소개함으로써 이 책의 전체적인 모습을 이해하는 데 도움을 주고자 한다.

1장에서는 '물결 21' 코퍼스의 설계에 대해서 다룰 것인데, '물결 21' 코퍼스의 구축 목적과 구성, 특성에 대해 개괄적으로 논의한다.

2장에서는 '물결 21' 코퍼스의 기본 구조에 대해 논의한다. T21ML의 도입 과정, T21ML의 기본 구조와 DTD, T21ML의 주요 요소 등에 대해 기술한다. 특히 표준화된 주제 분류 코드인 〈T21Class〉에 대해 자세히 논의한다.

3장에서는 코퍼스 구축의 구체적인 과정에 대해 기술한다. 기사 수집과 검토 방법, 신문 기사 정제 과정, 신문 기사의 주제 분류, T21ML 변환 과정 등이 폭넓게 논의될 것이다.

4장에서는 기초 코퍼스에 품사 정보를 부착하는 과정에 대해 논의한다. 형태 분석의 정확률을 높이기 위해 태거 학습용 코퍼스를 구축하고 후처리하는 제반 과정에 대해서도 함께 기술한다.

마지막으로 5장에서는 '물결 21' 코퍼스를 활용하기 위한 도구에 대해 기술한다. 대규모의 코퍼스를 기반으로 한 범용적인 도구로서 용례 추출 도구, 공기어 검색 도구, 연도별 빈도 차트 등이 논의될 것이다.

2. '물결 21' 사업

'물결 21' 코퍼스를 이해하기 위해서는 이 코퍼스의 모태가 되는 '물결 21' 사업에 대해 먼저 이해할 필요가 있다.

'물결 21' 사업은 신문 텍스트를 언어 자원 데이터베이스 시스템으로 구축하여 21세기 한국의 언어 · 문화 · 사회적 특성과 그 변화를 분석하고, 이를 토대로 향후 한국 사회의 변화 추세를 계측하기 위해 기획되었다. 이 사업은 2008년 사전 준비 과정을 거쳐 2009년부터 본격적으로 시행되었으며 이 사업을 위해 고려대학교 민족문화연구원에서는 HK한국문화연구단 산하에 '물결 21' 사업팀을 별도로 구성하여 과제를 수행하고 있다. 본 사업의 과제를 요약적으로 제시하면 다음과 같다.

① 한국을 대표하는 주요 4대 일간지(조선, 동아, 중앙, 한겨레신문)의 2000년 이후 신문 텍스트 전체를 가공하여 언어 자원 데이터베이스로 구축하고
② 다양한 이론 모델과 방법론으로 21세기 한국의 언어 · 문화 · 사회적 특성과 그 변화를 분석하여
③ 적어도 향후의 30년 이상을 지속할 장기적 연구로 추진한다.

'물결 21' 사업의 추진 과정을 그림으로 보면 〈그림 1〉과 같다.

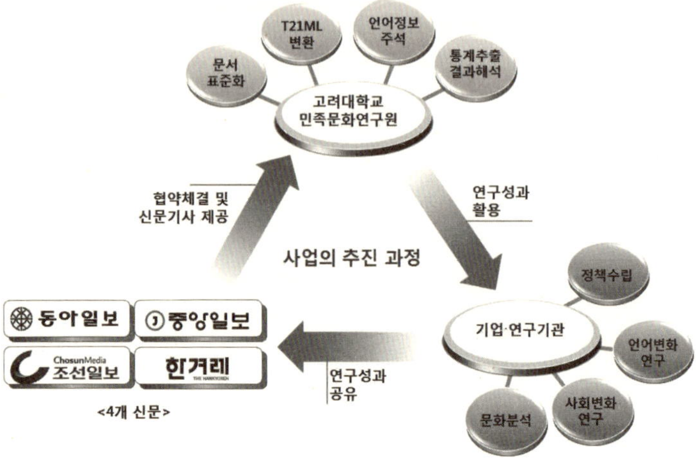

〈그림 1〉 '물결 21' 사업의 추진 과정

3. 감사의 글

'물결 21' 사업을 추진하는 과정에서 많은 기관과 연구자들의 지원을 받았다. 이들을 모두 소개하는 것은 불가능하겠으나 그 가운데 일부를 여기에서 소개하는 것으로 감사의 뜻을 표시하고자 한다. 이들의 적극적인 지원과 협조가 없었다면 '물결 21' 사업은 설계조차 할 수 없었을 것이다.

- 조선일보사
- 동아일보사
- 중앙일보사
- 한겨레신문사(이상 창간 연도 순)
- 고려대학교 정보문화연구소

1장 | 코퍼스의 설계 |

이 장에서는 대규모의 신문 코퍼스인 '물결 21' 코퍼스를 구축하기 위한 기본적인 설계에 대해 논의한다. '물결 21' 코퍼스와 같이 단일한 유형의 텍스트로 구성되는 경우는 예외적이라 할 수 있고 대부분의 대규모 코퍼스는 다양한 유형의 텍스트가 포함되어 있게 마련이다. 이때 어떠한 유형의 텍스트를 어느 정도의 규모로 샘플링해서 코퍼스에 포함할 것인지는 코퍼스의 구축 목적이나 활용 등에 지대한 영향을 미치는 중요한 요인이 된다.

먼저 코퍼스를 구축하는 목적에 대해 논의하고 '물결 21' 코퍼스의 전반적인 구성, 그리고 특성에 대해 차례대로 논의를 진행해 보자.

1. 목적

코퍼스를 구축해야 할 목적과 필요성에 대해서는 코퍼스를 다루는 기존의 저술에서 장황할 정도로 많이 소개되어 왔다. 특히 기존의 연구에서 목적과 필요성이 강조된 것은 '코퍼스'라는 새로운 도구의 출현과 관련되어 있었던 것으로 보인다. 즉 기존 연구에서 활용된 바 없거나 중요성이 잘 인식되지 않았던 대규모의 텍스트 집합체인 코퍼스가 새로운 방법론을 제공하기 위해서는 무엇보다 목적과 필요성이 명확히 드러나야 할 필요가 있었기 때문이다.

그러나 1998년부터 10년간 진행된 '21세기 세종계획'을 통해 코퍼스가 일반 연구자에게도 배포, 활용되기 시작하면서 코퍼스는 더 이상 생소한 도구가 아니었다. '21세기 세종계획'에서는 현대국어 원시코퍼스 약 1억 어절, 형태소 분석된 형태 분석 코퍼스 약 1500만 어절 등 대규모의 범용적인 언어 자원을 구축하여 연구자에게 제공해 줌으로써 코퍼스를 이용한 언어 연구, 자연어 처리 등의 응용 연구 등을 활성화하는 데 크게 기여하였다.

세종코퍼스의 배포와 활용을 통해 코퍼스가 연구자들에게 각광을 받기 시작하면서 자연스럽게 새로운 코퍼스를 구축하려는 시도도 이어졌다. 특히 세종코퍼스와 같이 일반적인 범용적 목적을 가진 코퍼스보다는 특정한 용도를 염두에 둔 특수 목적의 코퍼스를 구축하고 연구하려는 시도들이 나타나기 시작했다.

이 과정에서 고려대학교 민족문화연구원의 전자인문학팀에서는 신문이 가진 잠재적 가치에 주목하게 되었다. 신문만으로 이루어진 대규모의 신문 코퍼스를 구축함으로써 언어의 사용 양상을 연구할 수 있을 뿐 아니라 사회 · 문화적 변화 추이를 계량적, 통계적, 객관적 방법으로 접근할 수 있을 것으로 예상하였다. 즉 대규모의 신문 자원을 코퍼스로 구축한 '물결 21' 코퍼스는 21세기 국어의 어휘 사용 양상을 파악할 수 있는 객관적 기반이 될 뿐 아니라 어휘 사용의 이면에 내재된 사회 · 문화적 변화의 트렌드도 파악할 수 있는 중요한 자원을 제공해 줄 수 있을 것으로 기대하고 있다.

2. 코퍼스의 구성

1) '물결 21' 코퍼스의 주요 버전

'물결 21' 코퍼스는 크게 다음과 같은 두 가지 형식으로 구성되어 있다.

① '물결 21' 원시코퍼스

② '물결 21' 형태분석 코퍼스

먼저 '물결 21' 원시코퍼스는 대상 신문사들로부터 제공받은 신문 기사를 표준화하고 규정된 헤더와 마크업 정보가 부착된 원시코퍼스이다. 이 원시코퍼스에 부착된 헤더와 마크업은 NewsML의 기본적인 형식을 준수하되, 일부 수정한 결과인 T21ML(Trends 21 Markup Language)을 반영하도록 설계되었다. 이를 통해 신문사별로 다양한 기사 양식을 일관된 형식으로 처리할 수 있었다. T21ML에 대한 자세한 내용은 2장을 참조할 것.

'물결 21' 형태분석 코퍼스는 '물결 21' 원시코퍼스에 형태 분석 표지를 주석한 분석 코퍼스이다. 5억 어절에 달하는 대규모의 형태 코퍼스를 구축하기 위해서는 신뢰할 만한 품질을 갖춘 자동 분석 도구가 필수적이다. 우리는 KMAT(Korean Morphological Analyzer and Tagger)를 통해 성공적으로 형태 분석 코퍼스를 구축할 수 있었으며 이에 대한 자세한 내용은 5장에서 기술될 것이다.

2) 구축 대상 자료의 범위

'물결 21' 코퍼스는 『조선일보』, 『동아일보』, 『중앙일보』, 『한겨레신문』의 4개 일간지를 대상으로 하였다. 이 네 신문사는 발행부수와 독자층, 신문의 역사 등을 고려할 때 한국의 언론을 대표하는 신문사라 할 수 있다. ABC 협회 자료에 의하면 이들 신문이 점유하는 발행 부수의 비율은 주요 일간지를 대상으로 약 70%에 육박하는 것으로 알려져 있다. 다음 표는 ABC협회에서 발표한 최근 연도별 신문사의 발행 부수를 보인 것이다.

〈표 1〉 연도별 신문 발행 부수

신문사	2009년	2010년	2011년
조선일보	1,844,783	1,810,112	1,799,166
동아일보	1,289,973	1,248,503	1,198,069
중앙일보	1,309,568	1,310,493	1,300,354
한겨레신문	281,814	283,143	211,000
경향신문	292,721	266,794	187,000
국민일보	295,512	295,932	145,000
한국일보	비공개	503,525	175,000
서울신문	17,331	172,130	113,000
문화일보	162,343	168,607	135,000
매일경제	877,752	881,317	580,000
한국경제	513,129	503,525	348,000
계	6,884,926	7,444,081	6,191,589

가. 시간적 범위

'물결 21' 코퍼스는 2000년부터 2011년까지 발행된 12년 동안 『조선일보』, 『동아일보』, 『중앙일보』, 『한겨레신문』에 실린 모든 기사가 포함된다. 또한 '물결 21' 코퍼스는 2011년 이후의 기사에 대해서도 누적적으로 코퍼스에 추가할 예정이다.

나. 비텍스트 기사 제외

신문에는 일반 기사 이외에도 다양한 텍스트뿐 아니라 사진이나 도표 등의 이미지 자료가 포함되어 있다. 특히 2000년대 후반 들어 비주얼 자료의 중요성이 더욱 부각되기 시작하면서 이러한 이미지 자료는 크게 늘어가고 있는 추세다. 그러나 이미지 자료는 언어의 사용에 주된 관심이 있는 '물결 21' 코퍼스에서는 제외하였다. 그 밖에 다음의 자료들도 일반 기사로 보기 어렵다는 면에서 모두 제외하였다.

> 사진, 도표, 그림, 부고(訃告), 광고, 인사(人事), 신춘문예, 교육자료, 숨은그림찾기, 외국어 학습 자료 등

다. 샘플링sampling **방식**

문어와 구어를 모두 고려한 범용적인 목적의 코퍼스를 구축할 경우 샘플링 방법은 코퍼스의 대표성을 판정하는 데 매우 중요한 요인이다. 따라서 어떤 텍스트 유형을 얼마나 포함할 것인지, 문어와 구어의 비율은 어떻게 선정할 것인지 등에 대해 코퍼스를 설계하는 단계에서 심각하게 고려할 필요가 있다. 그러나 '물결 21' 코퍼스는 신문 기사 전체를 모두 포함하기 때문에 텍스트 구성에 대해 심각하게 고민할 필요가 없다. 단지 배제할 비기사 텍스트만 명확히 기준을 세워 적용하기만 하면 된다.

3) 대상 자료의 규모

'물결 21' 코퍼스의 규모는 국내에서 구축된 코퍼스 가운데 가장 규모가 크며, 국외의 경우를 따져보더라도 단일 규모로는 최대임을 자랑한다. 즉 신문으로 구성된 단일 텍스트 코퍼스로는 '물결 21' 코퍼스가 규모에 있어서는 세계에서 가장 크다고 할 수 있다.

이는 매일 발행되는 신문 기사의 엄청난 양에서 비롯된 것으로서 연

도별로 신문사에서는 약 900~1,000만 어절의 기사를 쏟아내고 있다. 12년치 4개 신문사의 전체 기사는 5억 2백만 어절을 상회하는 규모에 해당한다.

〈표 2〉 '물결 21' 코퍼스의 연도별 규모

연 도	기사 수	문장 수	어절 수
2000년	231,361	3,006,234	40,377,975
2001년	220,109	2,910,589	39,728,480
2002년	214,941	3,077,267	42,298,083
2003년	205,635	3,076,853	42,959,317
2004년	200,260	2,997,329	40,652,017
2005년	180,413	2,871,425	38,062,190
2006년	162,055	2,915,732	37,539,133
2007년	177,743	3,256,904	42,432,005
2008년	176,697	3,191,054	42,322,623
2009년	164,314	3,254,727	43,230,845
2010년	170,338	3,757,633	48,307,337
2011년	157,755	3,449,952	44,425,114
전체	2,261,621	37,765,699	502,335,119

〈표 2〉는 '물결 21' 코퍼스의 연도별 규모를 정리한 것인데 2000년대 후반으로 가면서 기사 수는 줄어든 반면, 어절 수는 증가하고 있다는 점을 확인할 수 있다. 이를 통해 단순히 추측해 보면 2000년대 후반으로 갈수록 기사당 어절수가 증가하고 있다고 볼 수 있다.

3. 특성

신문 기사로 구성된 대규모의 코퍼스인 '물결 21' 코퍼스는 다음과 같은 특성을 가진다.

- 모니터 코퍼스 : 연도별로 지속적으로 누적되는 개방형 코퍼스. 산출되는 신문 기사를 연단위로 누적적으로 구축
- 신문 코퍼스 : 신문 기사 텍스트로만 구성된 단일한 텍스트 유형의 코퍼스
- 단일어 코퍼스 : 한국어로 구성된 단일 언어 코퍼스
- 현대 한국어 코퍼스 : 시기적으로 2000년대 초반의 텍스트로만 구성된 현대 한국어 코퍼스
- 일반 코퍼스 : 범용적 목적으로 사용하기 위해 설계되었다는 점에서 일반 코퍼스
- 혼성 코퍼스 : 다양한 장르의 세부 신문 기사 텍스트가 모두 포함되어 있다는 점에서 혼성 코퍼스
- 문어 코퍼스 : 신문의 특성상 구어보다는 문어의 특성을 더 많이 포함한 문어 코퍼스
- 빅데이터(Big data)로서의 코퍼스 : 5억 어절을 상회하는 대규모의 코퍼스로서 패턴이나 추세 분석을 위한 대규모 자료가 될 수 있다는 점에서 빅데이터로서의 코퍼스

2장 | 코퍼스의 기본 구조 |

1. 마크업 규약–NewsML과 T21ML

NewsML(News Markup Language)은 유럽과 북미의 메이저 뉴스통신사와 언론사가 주도하는 국제언론통신협의회(IPTC)가 발표한 멀티미디어 뉴스 콘텐츠를 위한 국제 표준 뉴스 포맷이다. NewsML은 XML로 된 문서이다. XML문서는 미리 정의해 둔 문서 구조에 따라 효과적으로 뉴스 콘텐트를 표현할 수 있다. 또한 XML기반의 NewsML은 뉴스 컨텐츠의 내용과 이를 설명하는 정보(메타데이터)만 포함하면 뉴스 컨텐츠의 상호 교환에도 이상적인 수단이 될 수 있다.

NewsML은 텍스트, 사진, 동영상 등 컨텐츠를 체계적으로 처리하며 모든 뉴스에 대해 아카이브 구축, 뉴스의 작성, 편집, 관리, 배포, 출판의 전 영역을 지원할 수 있는 것으로 인정받았다. 이 포맷은 문서 구조를 표준화하는 것과 함께 콘텐츠를 설명하는 각종 용어와 컨텐츠 분류에 대한 표준화도 동시에 제공하고 있다. 예를 들어 컨텐츠의 주제 분류에 따른 고유의 주제코드가 있어 표준화가 가능하도록 한다.

그러나 현재 협약이 체결된 각 신문사마다 신문기사를 마크업Markup 하는 방식이 다르고, 신문기사를 마크업하기 위한 국제 표준인 NewsML을 적용하는 데에도 차이가 많기 때문에 신문기사를 효율적으로 코퍼스로 구축하여 활용하기 위해서는 별도의 마크업 방식이 필요하다. 다음 〈표 3〉은 신문 기사들이 각 신문사마다 어떻게 다르게 처리되고 있는지를 보여주고 있다.

〈표 3〉 신문사에서 제공한 기사의 파일 특성

	조선일보	중앙일보	동아일보	한겨레신문
마크업 방식	NewsML	XML	XML	NewsML
파일 형식	txt/NewsML	mdb/XML	XML	xls/NewsML
면종 정보	있음	있음	있음	없음
주제 코드	있음	있음	없음	없음

〈표 3〉에서 보듯이 『조선일보』나 『한겨레신문』은 NewsML 방식을 준수하거나 그 기본 형식을 지향하고 있으나 『중앙일보』와 『동아일보』는 NewsML이 아닌 고유의 마크업 방식을 택하고 있다. 또한 신문사마다 면종 정보나 주제 코드의 정보 표시 역시 차이를 보이고 있으며 같은 신문사에서도 시기별로 주제 분류가 달라지는 것을 발견할 수 있다.

이들을 일관된 방식으로 부호화하고 처리하기 위해 '물결 21'에서는

NewsML의 권고안을 가급적 수용하되, 각 신문사의 마크업 방식을 모두 포괄할 수 있는 XML 기반의 마크업 방식인 'T21ML(Trends 21 Markup Language)'을 개발하여 적용하였다. T21ML은 마크업 방식을 표준화할 수 있을 뿐 아니라 각 신문사 고유의 주제 분류 정보를 유지하도록 설계되었다. 즉 신문사 공통의 주제 분류 코드를 선정하고 이를 토대로 12개의 주제 분류 코드를 제안하고 있다. 자세한 분류 정보는 4절 '〈T21Class〉의 개발'에서 소개하도록 한다.

2. T21ML의 기본구조와 DTD

1) T21ML의 기본 구조

T21ML은 XML방식을 기반으로 하여 설계된 마크업 언어로서 최상위 노드인 〈T21ML〉아래에 〈FileInfo〉와 〈T21News〉라는 두 개의 상위 노드로 이루어진 계층 구조를 가지고 있다.

다음의 〈그림 2〉는 T21ML의 기본 계층 구조를 보인 것으로서 〈T21News〉는 반복되어 나타날 수 있다.

2) T21ML DTD

T21ML의 구성 요소와 이들의 계층 구조를 정의한 문서인 T21ML

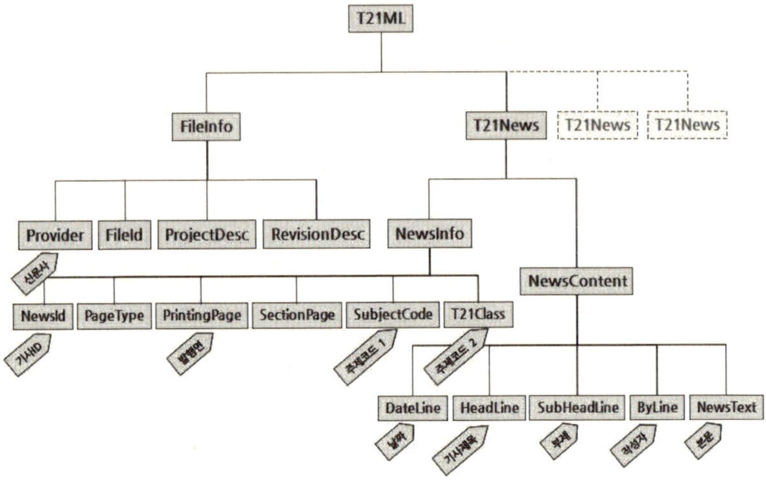

〈그림 2〉 T21ML의 기본 구조

DTD(Document Type Definition) 문서는 다음과 같이 정의되어 있다. 이 문서 형식 정의에 의해 T21ML 문서의 구성 요소를 엄격히 통제할 수 있다.

```
〈?xml version="1.0" encoding="UTF-8"?〉
〈!ELEMENT T21ML (FileInfo, T21News+)〉
    〈!ELEMENT T21News (NewsInfo, NewsContent)〉
    〈!ELEMENT FileInfo (Provider, FileId, ProjectDesc, RevisionDesc)〉
            〈!ELEMENT Provider (#PCDATA)〉
                    〈!ELEMENT FileId (#PCDATA)〉
                    〈!ELEMENT ProjectDesc (#PCDATA)〉
                    〈!ELEMENT RevisionDesc (#PCDATA)〉
            〈!ELEMENT NewsInfo (NewsId, PageType, PrintingPage,
```

```
SectionPage, SubjectCode, T21Class)〉
        〈!ELEMENT NewsId (#PCDATA)〉
        〈!ELEMENT PageType (#PCDATA)〉
        〈!ELEMENT PrintingPage (#PCDATA)〉
        〈!ELEMENT SectionPage (#PCDATA)〉
        〈!ELEMENT SubjectCode (#PCDATA)〉
        〈!ELEMENT T21Class (#PCDATA)〉
〈!ELEMENT NewsContent (DateLine, HeadLine*, SubHeadLine*,
ByLine, NewsText)〉
        〈!ELEMENT DateLine (#PCDATA)〉
        〈!ELEMENT HeadLine (#PCDATA)〉
        〈!ELEMENT SubHeadLine (#PCDATA)〉
        〈!ELEMENT ByLine (#PCDATA)〉
        〈!ELEMENT NewsText (#PCDATA)〉
```

3. T21ML의 주요 요소

1) 〈T21ML〉의 요소들

〈T21ML〉은 T21ML의 최상위 요소로서, 하위에 〈FileInfo〉와 〈T21News〉라는 요소를 포함하고 있다. 〈T21ML〉은 하나의 파일에 단 한 번만 출현할 수 있다.

(1) 〈FileInfo〉

〈FileInfo〉 요소는 신문 기사가 담긴 파일에 대한 정보를 포함하며, 〈Provider〉, 〈FileId〉, 〈ProjectDesc〉, 〈RevisionDesc〉의 네 가지 하위 요소를 가지고 있다. 이 요소는 파일에 대한 내용을 포함하는 것이므로 중복될 수 없다.

① 〈Provider〉

〈Provider〉는 신문 기사를 제공한 신문사의 정보가 포함된다.

② 〈FileId〉

〈FileId〉는 신문 기사의 파일명 정보가 포함되는 요소이다. '물결 21' 에서는 기사 단위가 아닌 날짜 단위로 신문 기사 파일을 생성하고 관리하였는데, 〈FileId〉에 포함되는 파일명은 다음과 같은 방식으로 명명하였다.

- 신문사 고유 이니셜(C, J, D, H)[1]+기사 날짜
- 예) 『중앙일보』 2007년 1월 17일자 기사의 파일명 : J20070117.xml

③ 〈ProjectDesc〉

〈ProjectDesc〉 요소에는 프로젝트에 대한 설명이 포함되는데, 여기서는 모두 "[물결 21] 사업"으로 일관되게 기술하였다.

---

1 여기서 C는 『조선일보Chosun』, J는 『중앙일보Joongang』, D는 『동아일보DongA』, 그리고 H는 『한겨레신문Hankyoreh』을 각각 나타낸다.

④ 〈RevisionDesc〉

〈RevisionDesc〉는 파일을 수정한 이력이 포함된다. '물결 21'에서는 대체로 기사 내용을 수정하지 않는 것을 원칙으로 하고 있으므로 이 요소는 현재 빈 칸으로 남아 있다.

(2) 〈T21News〉

〈T21News〉는 신문 기사와 관련한 내용이 포함되며, 〈NewsInfo〉와 〈NewsContent〉를 하위 요소로 가지고 있다. 같은 날짜에 포함되는 기사가 여러 개 올 수 있으므로 〈T21News〉는 반복될 수 있다.

① 〈NewsInfo〉

〈NewsInfo〉는 신문 기사에 대한 면 정보 등의 외적 내용을 포함하는 상위요소로서 〈NewsId〉, 〈PageType〉, 〈PrintingPage〉, 〈SectionPage〉, 〈SubjectCode〉, 〈T21Class〉 등의 하위 요소를 포함한다.

①-1 〈NewsId〉

〈NewsId〉 요소는 신문사로부터 기사를 제공받은 당시의 기사 파일명을 포함한다(전체를 하나의 통합된 파일로 접수한 경우에는 별도로 기술하지 않았다).

①-2 〈PageType〉

〈PageType〉은 신문 기사의 면종 정보가 포함되는 요소로서, 신문 기사의 주제 분류 등을 위한 중요한 정보이다. 그러나 면종 정보는 신문사의 편집 경향이나 유행 등에 따라 달라질 수 있고 심지어 같은 신문사의 기사라 할지라도 시기에 따라 변화가 있을 수 있다.

이를 위해 한국 NewsML 포럼에서는 한국형 PageType의 표준(KS PageType)을 제시한 바 있는데 이 KS PageType은 신문사의 선택권을 넓히기 위해 다양하게 설정되어 있다는 특징이 있다. 다음의 〈표 4〉는 KS PageType의 일부를 보인 것이다.[2]

〈표 4〉 〈KS PageType〉의 분류 체계(한국 NewsML 포럼 2008 : 68-69)

Code	대분류	중분류	토 픽
09.0001.0000.0000	주제별 면종		
09.0001.0001.0000		종합	
09.0001.0002.0000		정치	
09.0001.0003.0000		북한	
09.0001.0004.0000		국제(외신)	
09.0001.0005.0000		경제	금융, 증권, 주식, 은행, 보험, 신용카드, 머니, 펀드, 재테크, 생활경제, 부동산
09.0001.0006.0000		산업	기업, 중소기업, 벤처, 취업, 창업, 재계, CEO, 자동차, 정보통신, 유통, 소비자, 광고
09.0001.0007.0000		사회	
09.0001.0008.0000		문화	미디어, 방송, TV프로그램, 책, 교육, 공연, 전시, 연예
09.0001.0009.0000		건강	
09.0001.0010.0000		가정	어린이, 육아, 여성, 생활
09.0001.0011.0000		스포츠	
09.0001.0012.0000		레저	
09.0001.0013.0000		여행	
09.0001.0014.0000		과학	
09.0001.0015.0000		기획(특집)	

2 각 신문사에서 KS PageType을 얼마나 충실히 준수하는지에 대해서는 차이가 있다. 중요한 것은 KS PageType이 제안되기는 하였으나 여전히 신문사마다 PageType 정보가 표준화되어 있지 않다는 점이다.

Code	대분류	중분류	토 픽
09.0001.0016.0000		오피니언	
09.0001.0017.0000		해설	
09.0001.0018.0000		사람들(인물)	
09.0001.0019.0000		주말매거진	
09.0002.0000.0000	지역별 면종		
09.0002.0001.0000		서울	
09.0002.0002.0000		부산	

'물결 21'에서는 각 신문사에서 입력한 PageType 내용을 그대로 반영한다. 즉 신문사에서 제공받을 당시 입력되었던 PageType 정보를 〈PageType〉 값에 반영한 것이다. 이를 통해 신문사에서 처음 기사를 분류했을 당시의 면종 정보를 유지할 수 있게 된다. 한편 신문사들 간의 기사를 비교하기 위해서는 별도의 다른 분류 체계가 필요하다.

①-3 〈PrintingPage〉

〈PrintingPage〉는 신문 기사의 페이지 정보가 입력되는 요소이다.

①-4 〈SubjectCode〉

〈SubjectCode〉는 기사의 주제별 분류를 위한 요소로 NewsML 표준에 있어서 가장 중요한 부분 중 하나이다. 한국 NewsML포럼에서는 IPTC(국제언론평의회)의 〈SubjectCode〉 1,397개와 한국 언론에 의해 필요성이 인정된 22개의 분류 코드를 통합하여 1,419개의 KS SubjectCode를 제안하고 있다. 그러나 신문 기사의 주제별 분류는 기준의 명확성, 신문사의 NewsML 채택 여부 등의 문제로 일관되게 처리하는 데 어려움이 있다.

‘물결 21’에서는 신문사에서 입력한 〈SubjectCode〉 값을 그대로 유지하는 것을 원칙으로 한다. 또한 주제 분류 코드가 없을 경우에도 별도의 주제 분류 값을 넣지 않는다.

①-5 〈T21Class〉

〈T21Class〉는 신문 기사의 주제 분류와 면종 분류가 혼재된 성격을 띤다. 〈T21Class〉는 NewsML에서는 제안되지 않은 요소로서 ‘물결 21’에서 신문기사의 주제별, 면종 분류를 위해 새롭게 고안한 것이다. 〈T21Class〉는 모두 12개의 코드를 가지며, 이 값들은 하나의 기사에서 중복될 수 없다.[3]

(2) 〈NewsContent〉

이 요소에는 실제 신문 기사의 내용과 날짜 등의 5개 하위 요소를 포함한다.

②-1 〈DateLine〉 : 신문 기사의 발행일 정보

②-2 〈HeadLine〉 : 신문 기사의 표제 정보

②-3 〈SubHeadLine〉 : 신문 기사의 부표제 정보

②-4 〈ByLine〉 : 신문 기사를 작성한 기자 정보

②-5 〈NewsText〉 : 신문 기사의 본문 텍스트 정보

---

3 〈T21Class〉에 대한 보다 자세한 내용은 ‘4. 〈T21Class〉의 개발’을 참조할 것.

2) T21ML 변환 샘플

T21ML의 요소가 모두 부착된 '물결 21' 원시 코퍼스의 예를 보이면 다음과 같다.

〈?xml version="1.0" encoding="UTF-8" ?〉

－〈T21ML〉

－〈FileInfo〉

〈Provider〉중앙일보사〈/Provider〉

〈FileId〉J20000117.xml〈/FileId〉

〈ProjectDesc〉'물결 21' 사업〈/ProjectDesc〉

〈RevisionDesc〉신문사에서 제공한 뉴스 기사 파일을 '물결 21'의 Raw Corpus 구축 지침에 따라 수정함. 단 기사 내용은 수정하지 않음〈/RevisionDesc〉

〈/FileInfo〉

－〈T21News〉

－〈NewsInfo〉

〈NewsId/〉

〈PageType〉A〈/PageType〉

〈PrintingPage/〉

〈SectionPage〉1〈/SectionPage〉

〈SubjectCode〉정치〈/SubjectCode〉

〈T21Class〉01〈/T21Class〉

</NewsInfo>

— <NewsContent>

<DateLine> 20000117 </DateLine>

— <HeadLine>

— <![CDATA[민주당 대표에 서영훈씨

]]>

</HeadLine>

<SubHeadLine/>

<ByLine/>

— <NewsText>

— <![CDATA[서영훈(徐英勳)제2건국위 상임위원장이 새천년 민주당의 대표로 확정됐다. 徐위원장은 20일 민주당 창당대회에서 당 대표로 공식 선출될 예정이다. 徐위원장은 16일 "나라가 어려운 때인 만큼 개인적인 희생을 각오하고 민주당 참여를 결정했다"며 "개혁과 화합을 위해 국민의 뜻을 받드는 민주적 절차를 통해 당을 운영하는 데 주력하겠다"고 밝혔다. 이에 따라 민주당은 徐대표와 이인제(李仁濟)선대위원장 체제로 16대 총선을 치르게 될 전망이다. 이에 앞서 김대중(金大中) 대통령은 15일 徐위원장을 청와대로 불러 향후 민주당 운영 방안 등에 관해 논의했다.

김석현 기자[4] <sherkan@joongang.co.kr>

---

4 '기자명'은 엄밀히 말하면 기사 본문에서 추출하여 <ByLine> 속에 포함시켜야 하는 정보이다. 그러나 모든 기사문에서 자동으로 '기자명'을 추출하여 표시하는 작업은 현 단계에서는 이루어지지 않았다. 즉 기사 본문 속에 포함된 기자명은 그대로 기사 본문 텍스트로 처리되었다. 이러한 결과는 신문 기사의 어절 및 품사 통계에 영향을 미칠 수 있다는

]]〉

〈/NewsText〉

〈/NewsContent〉

〈/T21News〉

— 〈T21News〉

— 〈NewsInfo〉

〈NewsId/〉

〈PageType〉A〈/PageType〉

〈PrintingPage/〉

〈SectionPage〉1〈/SectionPage〉

〈SubjectCode〉정치〈/SubjectCode〉

〈T21Class〉01〈/T21Class〉

〈/NewsInfo〉

— 〈NewsContent〉

〈DateLine〉20000117〈/DateLine〉

— 〈HeadLine〉

— 〈![CDATA["개혁 한다더니 개악" 국민들 여야담합 분노

]]〉

점에서 향후 수정이 필요하다.

4. 〈T21Class〉의 개발

〈T21Class〉는 신문 기사의 주제별·면종 분류를 위한 마크업 요소 Markup element이다. 신문 기사의 주제별 분류 기호는 사실 모든 신문 기사에 반드시 있어야 하는 요소인데, 본 연구에서 별도의 주제 분류 코드인 〈T21Class〉를 새로 개발하게 된 데에는 다음과 같은 이유가 있다.

- 신문사마다 사용하는 면종 코드와 주제 코드가 통일되어 있지 않다.
- 동일한 신문사라 하더라도 시기별로 주제 분류 코드가 바뀔 수 있다.

따라서 모든 신문사의 신문 기사를 일관되면서도 항구적인 주제 분류 코드로 분류해 놓을 필요가 있다. 물론 신문사에서 처음 표시한 고유의 주제 분류 코드값은 그대로 유지해 놓는다. 다음의 〈표 5〉는 〈T21Class〉와 각 신문사의 주제 분류 코드를 비교한 것으로, 〈T21Class〉는 모두 12개의 값을 가진다.

〈표 5〉 〈T21Class〉와 각 신문사의 주제 분류 코드 대응표

T21Class	조선일보	중앙일보	동아일보	한겨레신문
	종합 / 기타 / 주말매거진	종합 / 기타	종합	종합
정치(01)	정치 / 북한	정치 / 북한	(정치)	(정치)
국제(02)	국제	국제	국제	국제
경제(03)	부동산 / 주식 / 경제 / money	경제	경제	경제
사회(04)	사회	사회	사회	사회

T21Class	조선일보	중앙일보	동아일보	한겨레신문
문화(05)	방송 / 문화 / 연예 / 가정 / 건강 / books	문화 / 연예 / 오락 / 교육 / 생활 / today	문화 / 생활 / 방송 / 연예	학술 / 방송
스포츠(06)	스포츠 / 레저	스포츠	스포츠	스포츠
과학(07)	과학 / 환경 / 정보통신	정보통신 / 과학 / 컴퓨터	정보 / 과학	과학
사설(08)	오피니언	오피니언	사설 / 칼럼	여론
오피니언(09)	오피니언	오피니언	사설 / 칼럼	여론
기획(10)	기획 / 특집	기획 / 연재	(제목)	기획
지역(11)	지역	지역	지역	지역
사람들(12)	사람들	인물	사람 속으로	사람

3장 | 기초 코퍼스의 구축 |

이 장에서는 '물결 21' 코퍼스를 구축하기 위한 첫 단계로서 텍스트를 수집, 검토, 표준화하는 전처리 과정과 신문 기사의 주제 분류, T21ML 변환 등에 대해 구체적으로 논의할 것이다.

1. 기사 수집과 검토

1) 자료 협약과 기사 수집

'물결 21' 코퍼스를 구축하기 위해 가장 선결되어야 할 것이 신문 기사 텍스트의 수집에 있음은 두말할 나위가 없다. 특히 '물결 21' 코퍼스는 장기간의 신문 기사를 누적적으로 구축하는 것을 목표로 삼고 있기 때문에 신문 기사를 정기적으로 안정되게 제공받는 일이 무엇보다 중요하다.

이를 위해 2008년 12월부터 2009년 3월까지 『동아일보』, 『조선일보』, 『중앙일보』, 『한겨레신문』과 자료 협약을 체결하고 2009년 4월부터 본격적으로 신문 기사를 제공받기 시작하였다.

먼저 2009년에는 2000년부터 2008년까지의 신문 기사 전체를 제공받았으며 이후 매년 초에 이전 연도의 신문 기사를 입수하는 과정을 거쳤다. 이렇게 해서 현재까지 제공받은 신문 기사는 모두 12년치(2000~2011) 5억2백만 어절에 이른다.[1]

2000년대의 신문 기사는 4개 신문사가 모두 안정되게 잘 관리하고 있어 자료의 접수에 무리가 없었다. 단지 신문사마다 텍스트 파일의 구조와 속성, 파일 형식 등이 다르고, 마크업 요소의 기술 방식과 내용 등에 차이가 있어 이들을 검토하고 표준화하는 과정이 요구되었다.

여기서는 신문사별로 자료 협약을 맺고 기사를 입수하는 과정을 간략히 서술하기로 한다.[2]

가. 『조선일보』

『조선일보』와는 2008년 11월에 기사 제공 협약을 체결하였다. 협약 체결 이후 실무적인 준비 기간을 거친 후 2009년 상반기에 처음으로 신문 기사를 제공받았다. 이후 2010년부터는 연 단위로 신문 기사를 제공받을 수 있었다.

---

1 2012년 기사는 2013년 초에 제공받았는데 현재 분석 단계에 있으므로 이번 연구에는 포함하지 못하였다.

2 신문사별로 지난 기사를 관리하는 부서가 다르고 절차도 상이하다. 이에 대해서는 세세히 논의하지 않기로 한다.

2009년에는 한번에 9년치의 자료를 접수받은 관계로 처리하는 과정이 복잡하였으며 시간도 많이 소요되었다. 최초로 입수한 텍스트 파일은 마침표가 누락되어 있기도 하고 파일 형식도 NewsML 방식으로 된 것과 완성형 텍스트 방식으로 된 것이 있는 등 수차례 자료를 다시 접수하는 과정을 겪기도 하였다. 먼저 2000년부터 2008년까지의 9년치 기사는 완성형 텍스트 파일을 제공받는 것으로 최종 결정하였고 2009년부터는 XML로 코딩된 파일을 제공받아 코퍼스 구축에 활용하였다.

나. 『동아일보』

『동아일보』와는 2008년 12월에 기사 제공 협약을 체결하였다. 이 협약에 따라 2000년부터 2008년까지의 9년치 신문 기사를 2009년 상반기에 제공받았으며 2010년부터는 1년 단위로 기사를 제공받았다.

최초로 접수한 9년치 신문 기사는 XML 형식으로 되어 있었으나 기사의 실제 게재 일자와 다른 점이 발견되어 이를 재조정한 신문 기사 텍스트를 다시 제공받는 과정을 거쳤다. 이는 신문의 여러 판본 기사를 DB에서 추출하는 과정에서 생긴 오류였던 것으로 보인다. 신문마다 다양한 판본 기사를 보유하고 있는 관계로 지면 기사와 정확히 일치하는 기사만 추출하는 데에는 복잡한 과정이 개입될 수밖에 없었기 때문이다. '물결 21' 사업이 점차 진행되면서 이러한 오류는 점차 개선되어 2010년부터는 자료 접수 과정이 원활하게 이루어졌다.

다. 『중앙일보』

『중앙일보』와는 2008년 11월에 '물결 21' 사업을 위한 기사 제공 협약을 체결하였다. 『중앙일보』에서도 2009년 상반기에 2000년부터 2008년까지의 9년치 신문 기사를 제공하였으며 2010년부터는 1년 단위로 기사를 전송해 주었다.

『중앙일보』 신문 기사 중 2000년부터 2008년까지의 기사 텍스트는 변환의 효율성 등을 검토하기 위하여 두 가지 형식의 파일로 샘플 기사를 수령한 후 기사 제공 양식을 결정하였다. 이 과정에서 총 3차례에 걸쳐 기사의 접수가 이루어졌다. 그러나 기사 텍스트에 대한 검토 결과, XML 파일에 일부 변환하기 어려운 문제가 있어 새로운 파일을 요청하게 되었다. 2차 접수는 2009년 1월에 XML 파일과 MDB 파일 두 가지 형식으로 2006년 신문 기사 텍스트를 접수하였다. MDB 파일의 검토 결과 '물결 21' 사업에 적합한 형식이라고 판단하여 3차 접수를 진행하였다. 3차는 2009년 6월에 『중앙일보』 신문 기사 중 2000년부터 2008년 기사 텍스트를 대상으로 XML 파일과 MDB 파일로 접수하였다.

『중앙일보』도 『동아일보』나 『조선일보』와 마찬가지로 총 9년치의 신문 기사를 한번에 접수하였다. 두 가지 형식의 파일(MDB, XML)로 기사들을 접수하였고 검토를 거쳐 MDB 파일을 대상으로 원시 코퍼스를 구축하였으며, 이후에도 MDB 파일 또는 같은 양식의 엑셀 파일로 1년치 기사를 제공받고 있다.

라. 『한겨레신문』

『한겨레신문』과는 다른 신문보다 늦은 2009년 4월에 기사 제공 협약을 체결하였다. 『한겨레신문』에서도 2000년부터 2008년까지의 신문 기사 약 9년치를 먼저 제공해 준 다음 2010년부터는 1년 단위로 기사를 전송해 주었다. 한겨레신문사에서는 엑셀 파일로 기사를 제공해 주었으며 이후에도 동일한 양식의 파일을 제공받고 있다.

2) 기사 검토

신문사로부터 입수한 전자화된 기사 텍스트에는 최종판 기사뿐 아니라 최종판이 아닌 다양한 판의 기사도 포함되어 있다. 따라서 지면 신문과의 대조를 통해 최종판 기사만을 추출할 필요가 있다. 신문 기사의 접수 이후 일련의 처리 과정을 도식화하면 다음과 같다.

〈그림 3〉 신문 기사 입수 이후 T21ML로의 변환 과정

(1) 지면 신문과의 비교 검토

신문사로부터 입수된 자료는 먼저 지면 신문과의 대조 작업을 거친다. 즉 제공받은 전자 신문과 출간된 최종판 지면 신문과의 기사 내용을 대조해 봄으로써 전자 신문에만 존재하는 기사는 제외하고 지면 신문에만 있는 기사는 추가하는 방식으로 구축하였다. 그렇게 하여 지면 신문과 동일한 기사로 구성된 코퍼스를 구축할 수 있도록 하였다. 우선, 지면 신문과의 대조는 월 단위로 수일치 기사를 무작위 추출하여 샘플 검사하는 방식을 취하였다.

검토 결과, 대체로 지역판의 신문 기사들이 구분되지 않은 채 실려 있었고, 실시간 업데이트 되는 과정에 있는 인터넷 기사와 사진 기사 등이 그대로 전자 신문 기사에 포함되어 있었다. 『한겨레신문』의 경우에는 판별로 중복 파일이 포함되어 있었고, 『조선일보』는 본판 기사 외에도 인터넷 기사와 광고가 포함되어 있었다.

각 신문별로 지면 신문과 대조, 검토한 내용은 다음과 같다.

가. 『조선일보』

접수한 『조선일보』 기사 텍스트는 지면에 게재된 기사뿐만 아니라 인터넷 기사, 광고, 초판 등의 기사까지 모두 포함되어 있다. 따라서 지면 신문과 일치하지 않는 기사 텍스트는 모두 삭제하였다. TXT 파일은 거의 대부분 지면 기사와 일치하였지만 XML 파일은 지면 신문과 다른 기사 텍스트들이 다수 확인되었다. 따라서 '물결 21'에서는 2000년부터 2008년 2월 13일까지의 신문 기사를 원시 코퍼스로 구축하는 작업은 모두 TXT 파일로 진행하였다.[3]

① TXT 버전

TXT 파일은 XML 파일과 달리 『조선일보』 측에서 데이터베이스의 신문 기사텍스트를 별도로 추출하여 제공한 것으로 『조선일보』의 지면 기사와 동일하다. TXT 파일은 게재일Date, 파일명FileId, 페이지타입PageType, 판면PrintPage 등 세부 정보 및 제목Headline, 기사 본문CDATA

3 조선일보사에서는 내부적 사정으로 향후 이러한 데이터베이스 추출 형식의 파일을 제공할 수 없다고 밝혔다.

등의 정보를 별도로 추출한 것이다. 또한 파일명FileId의 부호화된 정보를 이용해 자동화 도구로 지면 기사가 아닌 기사 텍스트를 제외할 수 있다.

기사 텍스트의 지면 기사와의 일치 검토는 수작업으로 진행하였다. 조선닷컴(www.chosun.com)에 공개된 지면 신문 PDF 파일[4]을 작업자가 제목과 기사 본문을 확인하는 방식으로 2009년 8월부터 9월말까지 1개월여에 걸쳐 검토하였다.

지면 신문과 TXT 파일의 기사 텍스트를 비교하는 작업은 자료의 양이 방대하여 임의의 기사를 표본으로 추출하여 일치 여부를 검토하였다. 각 월별로 3일치의 기사를 임의 선택하여 해당일의 모든 기사를 PDF 파일로 된 지면 기사와 비교하였다. 하루치 신문 기사 중 지면 기사는 평균 약 150~200여 개 가량이었으며, 2000년부터 2008년까지 신문 기사 약 5만여 개 중에서 약 5천여 개의 기사들을 검토하였다.[5] 검토 결과, 지면 기사와 일치하지 않는 기사 텍스트는 극히 일부였으며, 날짜별 분류가 잘못된 경우 등이 일부 있었으나 이들은 수작업으로 수정하였다.

② XML 버전

『조선일보』는 2008년 2월 14일자 기사부터 NewsML 구축 방식의 세부사항이 변경되었다. 이전까지의 기사 텍스트에서는 파일명에 부호

4 대부분의 일간지들은 신문사 홈페이지에서 종이신문과 온라인의 하이브리드 형태로 지면 신문전체를 스캔한 PDF파일을 제공하고 있다.

5 연간 신문 기사 총수는 약 150(개/일)*30(일)*12(개월)=약 54,000 개
수작업 확인 기사수는 약 150(개/일)*3(일)*12(개월)=약 5,400 개

화되어 있는 날짜 정보와 지면 기사의 게재일 정보가 일치하였으나 2월 14일자 이후 기사부터는 이 정보가 일부 불일치하였다. 따라서 2008년치 신문 기사 XML 파일이 2008년치 지면 신문에 해당하는가는 별도의 정보를 통해 확인하였다. '물결 21'에서는 XML 파일 기사 텍스트에서 페이지타입, 판면 정보 등 세부 정보가 빠진 기사는 지면 신문에 미게재된 기사일 가능성이 높은 것으로 파악하였고, 작성일과 게재일이 상이하게 기재된 기사도 지면 신문에 미게재된 것을 확인하였다.

따라서 "지면 게재 기사만을 코퍼스로 구축한다"는 원칙에 따라 지면 미게재 가능성이 높은 기사는[6] 원시 코퍼스 구축 대상에서 제외하였다.[7] 결과적으로 판정보〈PrintPage〉, 면정보〈SectionPage〉 등이 모두 미입력인 기사는 제외하였고, 페이지타입〈PageType〉, 주제분류〈SubjectCode〉만 미입력인 기사는 기사 내용이나 형식 등을 고려하여 지면 기사 여부를 확인하였다.[8]

한편 앞서 설명한 것처럼 2008년 2월 14일자 기사부터 파일명으로 지면 기사를 온전히 추출해서 확인할 수 없었다. 따라서 XML파일에서 임의의 기사를 표본 추출하여 2009년 8월부터 2개월 간에 걸쳐 지면 기사와 일치하는지 여부를 검토하였다.

우선 2008년 2월 13일 이후 기사 일체와 3월 전체의 신문 기사와 6, 9, 12월 신문 기사 중 임의의 3일치 신문 기사를 대상으로 지면 기사와

---

6 인터넷 기사, 최종판이 아닌 기사, 광고, 사진 기사 등이 이에 해당한다. 이들은 제외 대상 기사임을 별도로 표시하였다. 방식은 T21Class 분류에서 코드 '13'을 부여하였다.

7 'T21Class'는 '물결 21'에서 각 신문사마다 다른 신문 기사의 주제 분류를 통합 관리하기 위해 고안한 것으로 이에 대한 설명은 4장에서 자세히 나누고 있다.

8 이런 유형의 기사는 절대 수량이 적은 특징이 있다.

의 일치 검토를 진행하였다. 그 결과, 면수정보〈PrintPage〉, 섹션정보〈SectionPage〉 등의 세부 정보가 미입력된 기사는 대체로 지면 기사와 불일치하였고, 세부 정보가 입력된 기사는 대체로 지면 기사였다. 대체로 일자별 2~3개 기사가 지면 기사 조건에 합치되지 않았다. 따라서 원시 코퍼스는 위의 세부 정보가 입력되지 않은 기사 텍스트에 〈T21Class〉 코드 13을 부여하여 삭제 대상으로 처리하였다.

또한 XML 파일의 기사 텍스트에는 하이퍼 링크, 수치문자 개체(Numeric Character entity) 등에 대한 정보가 포함되어 있다. 그리고 2000년부터 2008년 2월 13일까지 신문 기사의 XML 파일은 기사에 마침표가 입력되어 있지 않았다.

나. 『동아일보』

『동아일보』 기사 텍스트의 XML 파일 하나는 지면 신문에서 하나의 기사에 해당한다. '물결 21'에서는 신문사로부터 입수된 기사 텍스트 파일을 지면 신문과 비교하여 지면 신문과 일치하지 않는 기사 텍스트는 삭제하거나 지면 신문의 내용으로 수정하였다. 해마다 월별로 3일치 기사를 임의 선택하여 해당일의 모든 기사를 『동아일보』 홈페이지에 PDF로 공개된 지면 기사와 비교하였다. 특히 섹션Section이 X로 표시된 기사들은 지면 기사와 비교한 결과 일치하지 않는 부분을 포함하고 있어 일일이 검토할 필요가 있었다.

먼저 XML 파일의 기사 텍스트는 『동아일보』 페이지타입PageType의 분류가 일부 지면 신문과 일치하지 않는 경우가 있었다.[9] 예를 들어 'ARTS, TV 프로, 만화 / 운세 / 바둑, 메트로 / 수도권, 바둑, 아파트시세, 영화, 전국종합, 책 / 문학, 책 / 신간, 책 / 어린이, 책 / 학술'의 분류는 2004년과 2008년 지면 신문에서만 확인할 수 있었다. 그리고 2008년의 페이지타입 중 '영남(날씨)'에 해당하는 것은 실제 지면 기사를 확인해 보면 종합면에 실려 있어서 '물결 21'에서는 이 신문 기사의 페이지타입을 '종합'으로 수정하였다.

또한 신문 기사의 기사문 본문이 누락된 XML파일을 일부 확인할 수 있었다. 본문이 없는 기사 텍스트는 [인천 / 경기]의 '단신', '부동산' 등 여러 페이지타입에서 나타나는데, 대체로 하루당 한 개 정도 기사 텍스트가 본문이 누락된 것으로 나타났다.[10] 이 기사 텍스트들은 대부분 지면 신문에는 기사문 본문에 실려 있었다. 예를 들면 다음과 같이 CDATA에 포함되어야 할 기사문 본문이 누락된 것이다.

㉮ 파일명 : D010103414598522.xml

〈?xml version="1.1" encoding="EUC-KR" ?〉

〈Dongailbo〉

〈Date〉20080101〈/Date〉

〈Section〉A3〈/Section〉

〈Page〉03〈/Page〉

〈Pname〉종합 : 01〈/Pname〉

〈Pan_Num〉41〈/Pan_Num〉

〈Title〉[한국경제 '새로운 10년'에 달렸다〈1〉기업〈/Title〉

9 『동아일보』 XML 파일 형식에서 페이지타입은 〈Pname〉 태그로 표시하고 있다.

10 이에 해당하는 기사 텍스트들은 삭제 대상으로 처리하였다.

〈ByLine〉박용 김유영 홍수용〈/ByLine〉

〈Copyrights〉C〈/Copyrights〉

〈Contents〉〈![CDATA[]]〈/Contents〉

〈/Dongailbo〉

또한 페이지타입이 'Kids'인 기사 텍스트 중, 2000년부터 2003년까지 섹션Section이 X로 분류된 기사 텍스트는 지면 기사와 비교한 결과, 지면 기사에 실려 있지 않았기 때문에 모두 삭제하였다.[11] 그리고 2000년, 2001년, 2004년, 2005년 신문 기사는 XML 파일의 기사 텍스트에는 페이지타입이 'Kids'로 분류되어 있었지만 지면 신문에서는 '종합'이나 '사회' 등의 다른 페이지타입에 실려 있었다. 그러므로 'Kids'로 분류한 기사 텍스트는 지면 기사와 날짜 / 섹션별로 비교하여 모두 수작업으로 수정하였다.

페이지타입이 '어린이 동아'인 기사 텍스트는 2003년과 2004년 기사 텍스트에서 섹션이 모두 X면으로 나타났다. 이들은 지면 기사에 없는 기사들이기 때문에 모두 삭제하였다. 2000년부터 2004년까지 신문 기사 중 기사 텍스트에서 섹션이 X이면서 페이지타입이 누락된 파일은 지면 기사에 없었기 때문에 삭제하였다. 그러나 2005년 신문 기사부터는 기사 텍스트에 페이지타입이 누락된 경우가 없었다.

2005년부터 2007년까지 기사 텍스트에서는 '정치'로 분류된 기사는 없었다. 그리고 페이지타입 '지역'의 구분은 해마다 기준이 일부 변경

---

11 『동아일보』의 섹션 정보는 A, B, C, D, E, F, X 등으로 부여되어 있다. 이 섹션 구분은 내용분류와는 무관하다. 다만 X는 '주말'에 해당한다.

되었다. 예로 '대구경북', '부산경남', '수도권', '인천', '중부', '호남제주'는 매년 지속적으로 나타났지만, '메트로 / 수도권', '부산울산경남', '영남', '인천부천', '중부호남제주'는 특정 연도에만 나타났다.

다. 『중앙일보』

① MDB 파일

MDB 파일의 경우 XML 파일과 달리 『중앙일보』 데이터베이스에서 지면 신문에 해당하는 기사 텍스트를 별도로 추출한 것으로 지면 신문과 대부분 일치하였다. 지면 기사와 기사 파일의 검토는 수작업으로 약 2개월 간 진행하였다. 『조선일보』와 마찬가지로 월별로 3일치 기사를 임의 선택하여 해당일의 모든 기사를 『중앙일보』 홈페이지에 PDF로 공개된 지면 기사와 비교하였다.[12] 지면 기사와 비교한 방식은 『조선일보』에서 검토한 방식과 동일하다. 검토 결과, PDF 파일의 지면 기사와 MDB 파일의 기사는 대부분 일치하였다. 일부 중복 기사가 발견되기도 하였으나 소수이고, 이들은 정제 과정에서 삭제하였다.

② XML 파일

XML 파일의 경우에는 지면 신문의 기사들과 여러 가지 면에서 차이가 있었다. 먼저, 문화와 경제 관련 기사는 XML 파일의 기사 텍스트의 게재일이 지면 기사와 불일치하였고, 그 비율은 약 50% 정도였다. 그

---

12 http://www.joins.com

리고 지면 기사에는 있는 기사가 XML 파일의 기사 텍스트에는 없는 경우도 있었다. 지면 기사의 순서와 XML 파일 내의 기사 순서가 일치하지 않았으며, 지면 기사에서 찾아볼 수 없는 다수의 기사들이 XML 파일의 기사 텍스트에 포함되었다.[13]

예를 들어, 『중앙일보』 2007년 6월 14일자 지면 기사 149건을 XML 파일의 기사 텍스트와 비교해 본 결과, 72건의 기사가 6월 14일치 XML 파일에 포함되었고(약 48%), 74건은 6월 13일치 XML 파일에 포함되었다(약 50%). 다른 3건은 XML 파일에서 확인이 불가능했다.[14] 그리고 2007년 6월 14일 XML 파일의 기사 텍스트 164건을 지면 기사와 비교한 결과, 72건이 일치(약 44%)하였고, 나머지는 6월 15일 지면 기사인 것을 확인할 수 있었다.

이와 같이 지면 신문의 기사들과 XML 파일의 기사들이 서로 많은 차이가 나타나서, '물결 21'에서는 XML 파일을 T21ML 변환 대상에서 제외하기로 결정하였고, 데이터베이스에서 별도로 추출한 MDB 파일로 원시 코퍼스를 구축하기로 결정하였다. XML과 MDB 파일의 검토 결과를 요약하여 제시하면 다음과 같다.

---

13 다만, 한 지면 내의 기사들(1~5건)은 XML 파일 내의 기사들에서 연속적으로 나타나기는 하였다.

14 8면 : 박근혜 경선 홍보용 CI 발표
8면 : 기자실 통폐합 토론회 17일
C5면 : 바람 · 햇빛 활용하려 10년간 7조 들인다.

〈표 6〉『중앙일보』 XML과 MDB 파일 형식 비교

XML vs. MDB 비교 항목	XML	MDB
주제 분류	○	×
지면 신문과의 기사 일치도	50%	99.9%
제목 / 부제 / 섹션 등	○	○
후처리 과정	매우 복잡	단순

라. 『한겨레신문』

『한겨레신문』은 '물결 21'에 제공한 기사 텍스트가 다른 신문과 형식면에서 많이 달라서 개별적인 수작업이 많이 이루어졌다. 한겨레에서 제공한 파일의 기사 텍스트에는 초판 기사나 테스트 기사 등이 포함되어 있어서 원시 코퍼스 구축에서는 불필요한 텍스트들이 포함되어 있었다. 이 기사들은 수작업으로 확인을 해서 삭제해야 하므로 다른 신문에 비해 복잡한 정제 과정을 거치게 되었다.

『한겨레신문』은 지면 신문과의 대조 작업을 2차에 걸쳐 진행하였다. 그 이유는 앞서 밝힌 대로 접수한 파일과 지면 기사 간에 차이가 많았기 때문이다. 보통 신문사들은 지면 신문의 1판 발행 후 최종본이라 할 수 있는 7판이 나오기까지 여러 번의 수정을 거듭하여 완성된 지면 신문을 제작한다.[15] 『한겨레신문』에서는 이 과정에서 전前 판에 있던 기사가 삭제되거나, 전 판에 없던 기사가 추가되거나, 혹은 기사의 내용이 얼마간 달라진 결과가 기사 텍스트에 그대로 포함되어 있었다. 그래서 '물결 21'에서는 원시 코퍼스를 구축하기 위해 최종 판본의 신문 기사에 해당하는 기사 텍스트만을 추출하였다.

15 한겨레 측에서는 통상적으로 7판이 최종판이라는 언급을 하였다.

❑ 지면 기사 일치 검토

지면 신문과의 대조는 크게 세 가지 차이를 확인하는 절차로 진행하였다. 첫째 지면 신문 기사가 엑셀 파일의 기사 텍스트에 없는 경우, 둘째 지면 신문에 없는 기사가 엑셀 파일의 기사 텍스트에 있는 경우, 셋째 판 정보만 다르고 헤드라인과 본문 내용이 유사한 경우이다. 지면 신문과의 일치 여부를 검토한 방법은 다른 신문과 동일하였다. 『한겨레신문』 인터넷 홈페이지에서 제공하고 있는 PDF 서비스 정보를 지면 신문으로 보고, 파일의 기사 텍스트와 일치하는지 여부를 비교하였다.[16]

아래의 〈표 7〉은 2007년 1월 1일부터 9일까지 한겨레 PDF 서비스와 엑셀 파일을 지면별로 검토한 결과이다. 이 중 지면 신문과 기사 텍스트가 불일치하는 경우는 대부분 사진 기사였으며 이들은 원시 코퍼스 구축 대상에서 제외하였다.[17] 또한 지역기사의 경우 불일치하는 기사가 많은데, 이것은 전국에서 종합된 지역기사들이 엑셀 파일에 모두 포함된 반면, 지면 신문에는 수도권에 해당하는 기사만 포함하고 있기 때문이다.

판-면 정보를 활용하여 지면 신문과 파일을 일치시키는 방법은 다음과 같다. 엑셀 파일에서 D열은 판 정보를, E열은 면 정보를 나타낸다. 앞서 지면 기사와 비교해서 지면에 없는 기사들은 판 정보가 D열의 번호와 다르다(〈표 7〉의 네모 박스 참조). 이들은 모두 1판인데 같은 면

16 http://pdf.hani.co.kr/newspdf/pagePdfList.ez

17 사진기사는 지면 신문과 파일의 차이가 적지 않다고 볼 수 있지만, 지면에 없고 파일에 존재하는 경우는 대부분 수정된 기사일 확률이 높은 경우로, 판-면 정보를 활용하면 일치시키는 작업이 가능하다. II장 '대상 신문사 선정과 수집 대상 자료의 범위'에서 처리 제외 항목을 명시하고 있다.

에 있는 기사들 중 대부분 1보다 높은 숫자의 값을 가질 때, 1판 기사는 지면 기사가 아닌 것이다.

〈표 7〉 판-면 정보를 활용하여 지면 신문과 파일을 일치시키는 방법

<table>
<tr><th>구 분</th><th>엑셀 파일</th><th>PDF 서비스</th></tr>
<tr><td>1월 8일
8면</td><td>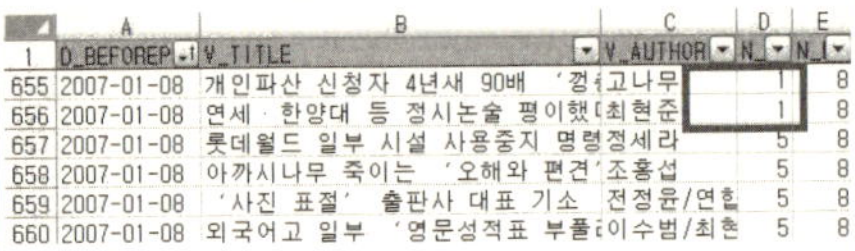
<table>
<tr><th></th><th>A</th><th>B</th><th>C</th><th>D</th><th>E</th></tr>
<tr><td>1</td><td>D_BEFOREP</td><td>V_TITLE</td><td>V_AUTHOR</td><td>N_</td><td>N_I</td></tr>
<tr><td>655</td><td>2007-01-08</td><td>개인파산 신청자 4년새 90배 '강</td><td>고나무</td><td>1</td><td>8</td></tr>
<tr><td>656</td><td>2007-01-08</td><td>연세 · 한양대 등 정시논술 평이했</td><td>최현준</td><td>1</td><td>8</td></tr>
<tr><td>657</td><td>2007-01-08</td><td>롯데월드 일부 시설 사용중지 명령</td><td>정세라</td><td>5</td><td>8</td></tr>
<tr><td>658</td><td>2007-01-08</td><td>아까시나무 죽이는 '오해와 편견'</td><td>조홍섭</td><td>5</td><td>8</td></tr>
<tr><td>659</td><td>2007-01-08</td><td>'사진 표절' 출판사 대표 기소</td><td>전정윤/연합</td><td>5</td><td>8</td></tr>
<tr><td>660</td><td>2007-01-08</td><td>외국어고 일부 '영문성적표 부풀</td><td>이수범/최현</td><td>5</td><td>8</td></tr>
</table></td><td>
8 면 [국내]
- 교육부, 외국어고 파행운영 점검도 대책도 '미봉'
- 롯데월드 일부 시설 사용중지 명령 방침
- 아까시나무 죽이는 '오해와 편견'
- 출판계 이번엔 '사진 표절' 파문</td></tr>
<tr><td>1월 9일
16면</td><td>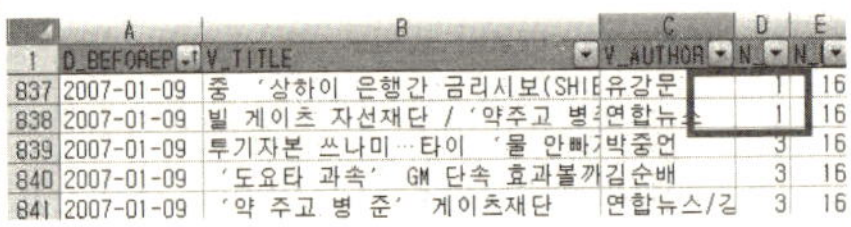
<table>
<tr><th></th><th>A</th><th>B</th><th>C</th><th>D</th><th>E</th></tr>
<tr><td>1</td><td>D_BEFOREP</td><td>V_TITLE</td><td>V_AUTHOR</td><td>N_</td><td>N_I</td></tr>
<tr><td>837</td><td>2007-01-09</td><td>중 '상하이 은행간 금리시보(SHI</td><td>유강문</td><td>1</td><td>16</td></tr>
<tr><td>838</td><td>2007-01-09</td><td>빌 게이츠 자선재단 / '약주고 병</td><td>연합뉴스</td><td>1</td><td>16</td></tr>
<tr><td>839</td><td>2007-01-09</td><td>투기자본 쓰나미…타이 '물 안빠</td><td>박중언</td><td>3</td><td>16</td></tr>
<tr><td>840</td><td>2007-01-09</td><td>'도요타 과속' GM 단속 효과볼까</td><td>김순배</td><td>3</td><td>16</td></tr>
<tr><td>841</td><td>2007-01-09</td><td>'약 주고 병 준' 게이츠재단</td><td>연합뉴스/김</td><td>3</td><td>16</td></tr>
</table></td><td>
16 면 [국제경제]
- '도요타 과속' GM 단속 효과볼까
- 빌 게이츠 자선재단, '약주고 병주고'
- 투기자본 쓰나미…타이 '물 안빠지네'</td></tr>
</table>

단, 이러한 방식은 〈T21Class〉를 기준으로 하였을 때, '사람, 스포츠, 문화(매거진 포함), 지역'에 해당하는 페이지타입에는 잘 적용되지 않았다. 그리고 '궂긴소식, 오늘의 경기일정' 등은 불필요한 정보로 삭제 대상으로 처리하였다.[18]

(2) 파일형식 및 마크업 검토

지면 신문과의 대조 이후에는 기사의 마크업mark-up 방식을 검토해야 한다. 신문사별로 마크업 언어와 마크업 대상에서 차이가 나기 때문이다.

---

18 '사람, 스포츠' 등의 페이지타입은 대부분 불필요한 정보를 제거한 이후 T21ML 구축 대상 기사가 많이 남지 않는다.

『조선일보』는 IPTC(국제언론통신평의회)에서 권고한 NewsML 방식을 가장 충실히 준수하고 있었다. 그러나 제공된 텍스트 파일에 문장부호가 일부 소실되어 있는 등의 문제가 있었다. 『중앙일보』와 『동아일보』는 NewsML 방식이 아닌 신문사 고유의 마크업 방식을 준수하고 있었으나 신문 기사의 내용분류에 해당하는 주제 코드에 대한 정보가 없었다. 『한겨레신문』은 『조선일보』와 같이 NewsML 방식을 지향하고 있으나 NewsML의 필수 요소인 면종 정보나 주제 코드 등이 입력되지 않았다. 한편 신문사에서 제공받은 기사 텍스트에는 중복된 기사도 포함되어 있어 이들을 삭제하는 작업은 파일 형식의 검토를 거쳐 공통 양식의 엑셀 파일로 변환한 단계에서 처리하였다.

가. 『조선일보』

① TXT 버전

TXT 파일은 『조선일보』에서 전자 신문의 데이터베이스로부터 통합 추출하여 텍스트 형식으로 변환하여 제공한 것이다.[19] 코드는 완성형이며, TXT 파일은 전자 신문 데이터베이스로부터 코드나 기사 텍스트를 추출하는 방식으로 구성되어 있고, 한 파일당 하나의 기사로 되어 있다.

XML 파일은 정보가 복잡하고 기사 텍스트에 기호가 일부 누락되어 있는 등 해결하기 어려운 부분이 있어서 TXT 파일을 이용하였다.[20]

---

19 『조선일보』의 TXT 파일은 2000년부터 2008년까지의 지면 신문 전체의 기사 텍스트를 하나의 파일로 통합한 것이다.

20 『조선일보』 기사 텍스트 제공 담당부서(조선닷컴 미디어컨텐츠국)에서는 지속적으로 데이터베이스 기사 파일을 추출할 수 있는지 여부가 불투명하고, 향후에는 주로 NewsML

2009년도에 구축한 원시 코퍼스는 2000년부터 2008년 2월 13일까지의 신문 기사는 TXT 파일로 원시 코퍼스를 구축하였고, 나머지 기간은 NewsML 형식의 XML 파일로 원시 코퍼스를 구축하였다.[21]

② XML 버전

XML 파일은 2000년부터 2008년까지의 『조선일보』 지면 기사를 대상으로 구축한 NewsML 형식의 기사 파일이며, 코드 형식은 Unicode로 구성되었다. 파일은 연 / 월 / 일별 디렉토리에 하위 구분되어 있다. 초기 접수시 접수 기간이 2008년 10월부터 2009년 7월말까지 총 5개월이 소요되었는데 전자 신문의 기사 텍스트에 대한 파악과 해당 신문사의 절차상 문제로 지연되었다. 특히 2008년 2월 13일 이전의 XML 파일은 기사 본문CDATA에 마침표가 없고 별도의 문장 구분 표시도 없기 때문에 지면 기사와 상이하였다.

❑ 파일 구성 형식

XML 파일의 각종 메타 정보는 판, 면, 섹션, 장르 등의 정보를 포함하고 있다. 파일은 날짜별 디렉토리directory에 파일링filing되어 있다. 즉, 년-월-일 순으로 날짜별 디렉토리 구분되어 있다. NewsML 파일 하나는 하나의 기사에 해당되며 지면 기사와 일치하였다. 또한 파일명FileId으로 게재일을 파악할 수 있고, 지면 신문과 인터넷 기사 등을 구분하는 것

로만 관리할 예정이라고 언급하였다. 결과적으로 이후 작업은 NewsML 형식의 XML 파일을 대상으로 구축하게 되었다.

21 기호 문제 등으로 인해 가장 적합한 파일 형식을 고려하였으며 기간에 따라 파일 형식이 다르기 때문에 두 가지 형식 모두가 원시 코퍼스에 쓰이게 되었다.

이 가능하였다. 단, 파일명FileId으로 지면 신문과 인터넷 기사를 구분하는 것은 2008년 2월 14일 이전에 구축한 XML 파일의 기사 텍스트만 해당된다.[22] 아래의 예에서 강조한 숫자는 지면 기사의 게재일을 뜻한다. 그러나 인터넷 기사는 게재일과 무관한 숫자가 입력되어 있다.

예 01142007123123100018.xml : 지면기사
01142007123100042676.xml : 인터넷 기사 (인터넷판 중복기사)

2008년 2월 14일 이후 구축한 XML 파일은 파일명으로 지면 신문 포함 여부를 구분하고 있지 않아 지면 신문과 같은 것인지 확인하기 어려웠다. 예에서 보면 파일명에 날짜 정보가 입력되어 있지만 이를 통해 인터넷 기사를 정확하게 구분해 낼 수 있는 것은 아니었다. 다만 광고나 사진 기사, 삽화 등은 구분해 낼 수 있었다.

예 지면신문 : 01142008060800094849
광고 : 01112008041500171645
사진 기사 : 0124200804150016TG00
삽화 : 01212008061603654784

따라서 2008년 2월 14일 이후의 XML 파일은 원시 코퍼스를 구축할 때 기사 텍스트의 메타 데이터 정보를 수작업으로 확인하여 지면 신문

22 또한 2008년 2월 14일 이전에 구축한 XML 파일은 기사에 마침표가 없다.

과 인터넷 신문 여부를 구분해야 했다. 이 때 대부분의 지면 광고 및 인터넷 기사는 앞의 예와 같이 FileId로 구분해서 분리하는 것이 가능하나 일부 인터넷 기사의 경우에는 이를 구분하려면 날짜, 호수, 섹션, 섹션면수, 제목, 부제목, 장르genre, 유형PageType, 주제SubjectCode 등의 정보까지 확인해야 한다.[23] 또한 신문 기사를 인터넷 기사로 만드는 과정에서 숫자나 기호로 변환된 항목이 포함되어 있어 이를 삭제하는 전처리 작업을 거쳐서 원시 코퍼스를 구축하였다.

❑ 세부 사항

NewML 형식 XML 파일의 상세 정보는 "날짜, 호수, 면정보, 면수, 제목, 부제목, 장르genre, 페이지타입PageType, 주제SubjectCode" 등이 있다. 특히 타 신문들과 달리 『조선일보』는 주제코드SubjectCode 정보가 포함되어 있다.[24] 아래의 예는 순서대로 키워드, 주제, 장르, 호수, 섹션정보, 섹션면수, 페이지타입 순이다.

예 〈KeywordLine〉고정물;사설;노무현대통령;개헌;개헌논란〈/KeywordLine〉

〈Property FormalName="SubjectInfo" Value="정치,헌법"/〉

〈Property FormalName="GenreInfo" Value="고정물|오피니언"/〉

〈Property FormalName="PrintingPage" Value="26"/〉

---

23 이는 지면 신문을 그대로 인터넷에서 서비스하는 것까지 염두에 두고 처리하기 때문에 발생하는 문제로 추정된다.

24 4개 신문 중 NewsML Framework를 가급적 원칙대로 따르고 있으며, 필요한 형식 정보 메타 데이타가 가장 많이 입력되어 있다.

〈Property FormalName="Section" Value="A"/〉

〈Property FormalName="SectionPage" Value="26"/〉

〈Property FormalName="PageType" Value="CY1"/〉

〈SeriesLine〉사설〈/SeriesLine〉

나. 『동아일보』

『동아일보』 XML 파일은 년 / 월 / 일별 폴더로 구분되어 있고, 기사 1개당 XML 파일 하나로 구성되어 있다. 파일은 파일명으로 날짜를 구분할 수 있다. 파일명 앞의 4자리는 기사가 게재된 월, 일을 나타낸다.[25]

예 D010101454599129.xml
↓
기사의 "월, 일"을 표시

파일의 구성은 XML 형식에 따라 날짜, 섹션, 쪽, 기사분류, 기사 제목 및 내용을 포함하고 있고, 섹션은 날짜에 따라 개수가 달라진다. 예를 들어 AB, ABC, ABCD 등으로 나타난다.[26] 제목은 〈Title〉 태그로 표시하고 있고, 기사 본문은 〈Contents〉의 CDATA로 표시하고 있다. 다음은 XML파일의 예시이다.

예 〈?xml version="1.1" encoding="EUC-KR" ?〉

---

25 파일명의 날짜와 기사 개제 날짜가 실제로 일치하지 않는 경우도 종종 있었다.
26 이러한 섹션 구분은 특별한 의미가 없는 것으로 보인다.

〈Dongailbo〉

〈Date〉20080101〈/Date〉

〈Section〉A1〈/Section〉

〈Page〉01〈/Page〉

〈Pname〉종합 : 01〈/Pname〉

〈Pan_Num〉45〈/Pan_Num〉

〈Title〉4 · 9총선 출마예상자 1830명〈/Title〉

〈ByLine〉이진구 민동용〈/ByLine〉

〈Copyrights〉C〈/Copyrights〉

〈Contents〉〈![CDATA[동아일보가 4월 9일 치러질 제18대 총선의 전국 243개 지역구 출마 예상자를 집계한 결과 1830여 명(지난해 12월 31일 기준)이 출마를 준비 중인 것으로 나타났다. (…중략…) 대통합민주신당은 '견제와 균형'을 슬로건으로 대선 참패를 만회한다는 전략이다.

이진구　기자 sys1201@donga.com

민동용　기자 mindy@donga.com]]〈/Contents〉

〈/Dongailbo〉

다. 『중앙일보』

① MDB 버전

『중앙일보』 신문 기사는 MDB 형식으로 제공받았으며, 9년치(2000-2008) 자료가 하나의 파일로 되어 있다. MDB 파일의 각 행은 1건의 기사를 싣고 있으며 기사ID, 날짜, 호수, 섹션, 섹션 면수, 판차, 제목, 부제, 자수字數, 장르(사설 / 오피니언 / 칼럼 / 기획) 등의 정보를 담은 몇 개의 열로 구분되어 있다. 그리고 주제코드 정보가 없다. 섹션별로는 A섹션 기사가 다른 섹션에 비해 기사 수가 절대적으로 많아 A섹션과 기타 섹션의 비율은 평균 7 : 3 정도로 나타난다.

② XML 버전

XML 파일은 지면 및 섹션별로 파일링filing되어 있다. 파일 하나는 같은 면에 포함되면서 같은 하위 분류에 속하는 기사들을 포함하고 있다. 같은 면에 있는 신문 기사도 하위 분류가 다르면 다른 파일로 분류하고 있다. 예를 들어, 파일명에서 첫번째 a는 섹션을 나타내고, a 앞의 D1001은 페이지타입 '종합'을 뜻한다.

예 D001D1001a_20080228_40b00001c_D1001d_01e.xml

그리고 b앞에 40, 41, 42 등의 숫자가 입력된 것은 지방판 정보를 뜻한다. c는 그 기사가 위치한 면수이다. d는 기사의 하위분류인데, 국제인 경우에 '일본', '중국' 등과 같이 표시함으로써 구분하였다. e는 판수를 뜻하는 것으로, 각 면별로 이 번호가 가장 높은 것이 최종판이었다.

다음은 『중앙일보』에서 제공하는 XML형식 파일의 내부 형식의 일부를 나타낸 것으로 지면 신문을 그대로 인터넷에서 서비스하는 것까지 염두에 두고 만들어져 있는 것으로 보인다.[27]

---

27 이 파일에는 기사만이 아니라 링크 정보, 상단 광고 등까지 모두 포함하고 있다. 가령 신문 1면의 좌측 상단의 'S-Oil' 광고나 신문이름과 기사 사이의 얇은 공간의 그날의 날씨 정보, "해당기사 ▸50면" 등까지 모두 포함하고 있다. 또한 실제로 각 링크는 해당 광고나 관련 기사로 링크되어 있고, 제목만 들어 있는 기사의 경우에 해당 기사를 링크시킨 마크

```
<NewsComponent>
- <NewsLines>
  - <HeadLine>
      <![CDATA[    ]]>
    </HeadLine>
    <SubHeadLine />
    <ByLine>로컬편집기사</ByLine>
    <ByLineAddress />
    <ByLineDept />
    <Issue />
    <DateLine>2008-09-23 16:09:07</DateLine>
    <KisaType />
    <OnLineBatch>NO</OnLineBatch>
    <OrgFileNameID />
    <OrgID />
    <TitleID />
    <Issue />
    <CopyrightLine>Copyright(C) 중앙일보 2005. All Right Reserved.</CopyrightLine>
    <KeywordLine>미디어, 신문, 여론조사, 인터넷.</KeywordLine>
  </NewsLines>
```


라. 『한겨레신문』

한겨레신문에서는 엑셀 파일 형식으로 기사를 제공해 주었는데 1년을 단위로 기사가 정리되어 있었으며, 하나의 기사는 엑셀 시트sheet의 한 행으로 구성되었다. 날짜 구분이나 판-면 정보, 게재일, 제목, 기사 본문까지 다섯 가지 유형의 정보가 포함되어 있었다. 이를 정리하여 제시하면 〈표 8〉과 같다.

업이 따로 있어서, 클릭하면 해당 기사로 이동하는 방식으로 만들어져 있다. 뿐만 아니라, 이런 내용들 각각이 신문 지면에서 차지하는 위치까지 알려주고 있다. 가령 x좌표는 어디고 y좌표는 어디이며 가로 길이는 몇 mm이고 세로 길이는 몇 mm인지 등등의 정보까지 포함되어 있다.

〈표 8〉『한겨레신문』 엑셀 파일의 구성

구 분	내 용
접수 시점	2009년 5월
기사 분량	2000년~2008년 4월 30일
저장 형태	1년치 기사를 파일 1개로 저장(아래 그림 참조) 2000년기사 Microsoft Office Excel 97-2003 ... 92.5MB 2001년기사 Microsoft Office Excel 97-2003 ... 87.0MB 2002년기사 Microsoft Office Excel 97-2003 ... 94.2MB 2003년기사 Microsoft Office Excel 97-2003 98.7MB 2004년기사 Microsoft Office Excel 97-2003 ... 107MB 2005년기사 Microsoft Office Excel 97-2003 ... 98.3MB 2006년기사 Microsoft Office Excel 97-2003 ... 89.8MB 2007년기사 Microsoft Office Excel 97-2003 95.5MB 2008년기사 Microsoft Office Excel 97-2003 ... 59.0MB
특 징	빈약한 메타 정보, 불필요정보(중복기사, 사내 공지사항 등)의 개제
메타 정보 (면 / 섹션 / 장르 등)	기사 게재일, 헤드라인, 기자명, 판-면 정보, 본문 등 5가지 (아래 그림 참조)

	기사 게재일	헤드라인	기자명	판-면정보		본문		
	A	B	C	D	E	F	G	H
1	D_BEFOREPUBDATE	V_TITLE	V_AUTHOR	N_PAN	N_PAGE	V_BODY		
2	2000-01-01	`총선 심판' 103일전.'표	백기철/김종	1	4	# 국민회의 / 민주신당 창당		
3	2000-01-01	각계 인사 신년사		1	4	# 주권행사 더 신중하게. /		
4	2000-01-01	1. 마르크 오제(파리 사회과학대학원		1	5	21세기는 `기대와 우려'의 두		
5	2000-01-01	<> 리원하이 인민대학 총하성봉		1	6	-홍콩에 이은 마카오의 본토		

2. 신문기사 정제

1) 기사 정제와 표준화의 필요성

신문사로부터 제공받은 신문 기사를 지면 신문과 비교하여 최종판 신문 기사 텍스트를 걸러내는 작업과는 별개로 최종판 신문 기사의 텍스트에 대해서도 정제 작업이 필요하다. 즉 신문사로부터 제공받은 최종판 신문 기사라 하더라도 '물결 21' 사업과는 관계가 별로 없는 텍스트들이 다양하게 포함되어 있기 때문이다. 이를테면 인사동정, 부고,

날씨, 광고 등은 엄밀한 의미에서 신문 기사로 보기 어려울 뿐 아니라 텍스트로서의 가치도 현재로서는 미미하기 때문에 이들을 우선 제거할 필요가 있다.

그러나 이러한 정제 과정도 신문사별로 일관성이 있어야 하며 신문사의 기사 텍스트가 가지는 특성들을 모두 고려해야 하기 때문에 각 신문사의 최종판 텍스트로부터 제거할 대상들을 면밀히 점검할 필요가 있다.

2) 신문사별 기사 정제

가. 『조선일보』

『조선일보』의 기사 정제는 크게 두 단계로 진행하였다. 우선 300자 미만인 단신이나 중복되는 기사 그리고 인사, 부고, 주석 등은 일반적인 신문 기사가 아니므로 삭제 대상에 포함시키고, T21Class 코드는 '13'으로 처리하였다. 삭제대상 기사의 기준은 다음과 같다.

A. 신문의 기사 내용으로 볼 수 없는 단순 정보

B. 완전한 문장이 아닌 명사문

C. 신문 기자가 작성하지 않은 기사

D. 사진, 표, 그림, 삽화 등

E. 외국어 학습, 날씨 등 일일 정보

이러한 기준에 따라 삭제한 『조선일보』 기사의 제목과 내용은 다음의 〈표 9〉와 같다. 연도별로 일부 제목은 다르게 나타났으나 대체로 유사하였다.

〈표 9〉 『조선일보』 삭제 대상 기사의 제목

구분	제목
제목 기준 삭제	[사진] [정정] [부음(부고)][사고(社告)][인사][알림] [단신(경제, 학술, 스포츠 등)] [생활한자][생활영어(일어 / 중어 등)] [오늘의 운세],[오늘의 날씨] [연재만화] [주식시세표][스포츠 대진표][방송편성표] [신춘문예] 등

이밖에 중복 기사 약 600여 개를 삭제하였고, 기사 본문이 누락되거나 비어있는 경우 T21Class에서 코드 '13'을 부여하였다.

나. 『동아일보』

신문의 기사 내용으로 볼 수 없는 단신 기사나 신춘문예, 사진, 표와 같이 일반적인 신문 기사로 볼 수 없거나 날씨나 외국어 학습 등의 일일 기사에 해당하는 목록은 따로 분류하였다. 삭제 대상인 기사의 예는 〈표 10〉과 같다.

〈표 10〉『동아일보』 삭제 대상 기사(13)로 분류된 기사의 Pname과 Title 목록

Pname	Title
스포츠	[브리핑룸] [200자 브리핑] [200자 뉴스]
문 화	[연재소설] [이러쿵 저러쿵] [신춘문예] [건강브리핑] [건강 단신] [의료계 단신] [학술 단신] [미술 단신]
경 제	[경제계 인사] [생활게시판] [고용] [분양정보] [주총소식] [유통가소식] [비즈파일] [비즈브리핑] [브리핑룸] [분양정보] [금융정보] [증권정보] [창업 / 단신] [업계소식] [이주의 추천상품] [알뜰장바구니] [생활게시판]
지 역	[수도권 / 메트로파일] [광주 / 내고장 인사] 광주시 [인천 / 경기] 게시판 [충청 / 강원] 문화가 [인천 / 경기] 단신 [뉴스브리핑]
투데이, 종합	[부고] [부음] [새의자] [인사] [동정] [인물동정] [알림] [모임] [본사] [본사손님] [본사내방] [사고] [社告]
사회, 종합	[기상 / 기후] [오늘의 날씨] [날씨와 과학] [날씨 小史] [날씨소사]
	[알려드립니다] [바로잡습니다] [단신]

『동아일보』는 종합면을 제외하고는 Title 정보를 이용해 기사 분류를 할 수 있다. 페이지타입과 제목에 근거하여 〈표 9〉의 제목에 해당하는 기사들은 단신 기사이고, 이들은 삭제 대상(T21Class '13')으로 분류하였다. 또한 지면 기사와 기사 텍스트의 일치 여부를 비교하여 중복기사 약 30여 개를 삭제하였다. 기사 텍스트 중 일부가 누락되거나 공란인 경우 조선이나 중앙과 마찬가지로 T21Class '13'을 부여하였다.

다. 『중앙일보』

『중앙일보』도 『동아일보』, 『조선일보』와 마찬가지로 MDB 파일의 기사 텍스트 중 300자 미만 단신, 중복 기사, 인사, 부고 등을 삭제 대상에 포함시키고 T21Class 코드 '13'을 부여하였다. 또한, '문화'면에서 책의 출판사, 가격 등이 여러 개 연속하는 기사들도 마찬가지로 처리하

였다.[28] 단, 책의 내용에 대해 자세히 설명하는 기사는 정상적인 신문 기사로 처리하였다. 그리고 논술문제 및 답안, 영어회화, 일본어 등은 삭제하였다.[29] 이처럼 『중앙일보』 T21Class에서 삭제 대상인 코드 '13'으로 분류하여 처리한 예는 〈그림 5〉와 같다.

ID	NewsID	PageTyp	Pri	Se	Su	T21Class	DateLine	HeadLine
215049		A		1		13	20030101	아침마다 행복을 배달해 드리겠습니다
215054		E		1		13	20030101	[부동산]매매 위축 속 숨고르기
215068		A		2		13	20030101	<본사 인사>
215071		S		2		13	20030101	내일의경기
215075		S		2		13	20030101	오늘의경기
215079		E		2		13	20030101	시각 장애인도 보험설계사 가능 모레 첫
215081		E		2		13	20030101	수산물PL 보험상품 판매
215083		E		2		13	20030101	주유소 석유판매대상 확대
215084		E		2		13	20030101	원화환율 5개월만에 최저치
215085		E		2		13	20030101	휴면예금 11억원 돌려줘
215089		E		3		13	20030101	동아제약 부회장 유충식 사장에는 강문석
215113		E		6		13	20030101	세계경제 출발은 불안하지만

〈그림 5〉 삭제 대상 기사에 13을 입력한 예

라. 『한겨레신문』

한겨레는 타 신문의 기사 텍스트와 달리 파일을 한 가지 형식의 자료로 입수하여 파일 형식에 대한 고려가 불필요하였다. 우선 2000년부터 2008년 4월까지의 신문 기사를 포함하고 있는 엑셀 파일을 대상으로 검토 작업을 실시하여 파일의 이상 유무, 특징 등을 파악하였다. 엑셀 파일의 기사에는 중복 기사, 테스트용 기사, 사고社告 등의 삭제 대상 기사들이 포함되어 있었다. 아래의 〈표 11〉은 한겨레의 삭제 대상 기사에 포함된 대상과 이를 확인하는 방법을 추가하여 정리한 것이다.[30]

---

28 『중앙일보』는 동아나 조선과 달리 페이지타입 정보가 없고 섹션section 정보가 있는데 섹션 정보는 제한적으로 페이지타입에 대응시킬 수 있어 이를 활용한다.

29 단, 논술 대비 교육 방안은 정상적인 '문화'면 기사로 처리한다.

〈표 11〉『한겨레신문』 기사 중 삭제 대상 기사

구 분		확인방법
중복, 혹은 기사가 아닌 것	중복기사	판 정보를 제외한 전 항목 중복
	연습기사	헤드라인에 "연습"이라고 표시
	테스트기사	헤드라인에 "테스트"라고 표시
	사본기사	헤드라인에 "사본"이라고 표시
	헤드라인이 없는 기사	헤드라인이 없고, 기자명에 Unknown이라고 표시
	본문내용이 없는 기사	헤드라인 형식이 정상적인 기사와 상이, 본문 없음
	사내 공지사항	기자명에 부서 명칭 기재
	보고내용	기자, 부서별 보고내용, 헤드라인에 "보고"라고 표시
	의미없는 문자	헤드라인에 "꽝, 관련논제(나), 킬, 불요, 아님" 등 표시
기사 가치가 없는 것	바로잡습니다, 반론싣습니다, 인사, 동정, 궂긴소식, 알림, 단신, 볼만한 프로, 게시판, 기록실, 오늘의 경기	헤드라인을 통해 확인 가능
	1면 기사 안내	다른 면에 있는 기사내용 요약 소개, 페이지 안내
	매거진 中	새로 나온 책, 맛집 정보, 광고성 글 등

정제 과정은 크게 3단계로 나뉜다. 그 중 1단계는 헤드라인 필터를 통해 삭제 대상 기사를 제거하였다. '동정', '기록실', '바로+잡습니다', '궂긴+소식', '여행+쪽지' 등의 키워드로 필터 처리하였다.[31] 이후 필터

30 『한겨레신문』 기사의 정제 작업은 2000~2008년치 신문 기사에 해당하는 엑셀 파일의 광고성 기사 등 불필요 정보를 삭제하는 것이다. 위의 〈표 11〉에서 삭제 대상 기사를 추출하는 방법은 엑셀Excel 프로그램의 필터filter 기능을 활용한 것이다.

31 위의 검색어는 헤드라인에 포함된 문자열이다.
바로+잡습니다, 반론+싣습니다, 궂긴+소식, 동정, 단신, 알림, 볼만한+프로, 게시판, 기록실, 오늘의+경기, 내일의+경기, 새+DVD, 짧은+소식, 인사, 지역+인사, 무대+단신, 문학+단신, 학술+단신, 재테크+플라자, NGO+게시판, 주요+기사안내, 쪽지, 여성계+쪽지, 여행+쪽지, 여가+쪽지, 새+상품, 여행+정보, 함께+떠나요, 부동산+파일, 이번주의+NGO, 화제의+전시, 뉴스+퍼즐, 부동산+캘린더, 그린+풍향계, 정보+꾸러미, 대학가+

링 결과로 나타나는 기사들을 '행 삭제'하여 1단계를 마무리하였다.

2단계는 헤드라인 필터 처리가 불가능한 기사에 대한 정제 작업이다. 이는 필터 처리 결과 중 '물결 21' 코퍼스의 구축 대상인 기사가 포함되어 있는 경우를 위한 과정이다. 우선 헤드라인 필터를 클릭하고 1단계에서 설명된 방법과 동일하게 찾을 조건으로 '포함'을 설정한 후 '올해의', '쉽니다', '사망', '별세' 등의 문자열로 필터링을 하였다.[32] 결과로 나타나는 개별 기사에 대해 기자명 없는 기사, 광고 기사 등을 수작업으로 삭제하였다. 다음의 〈표 12〉는 엑셀의 필터를 이용해서 파일을 정제하는 과정을 요약하여 제시한 것이다.

〈표 12〉 필터링을 이용한 파일 정제작업

<table>
<tr><th>구분</th><th colspan="2">내용</th></tr>
<tr><td></td><td>필터 적용 전</td><td>필터 적용 후</td></tr>
<tr><td>필터 적용</td><td>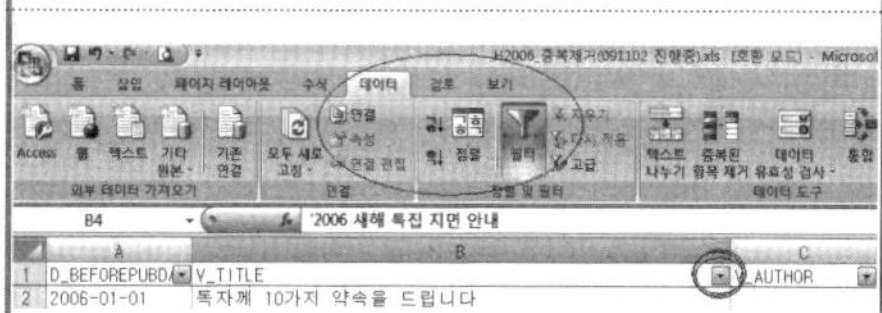
</td><td>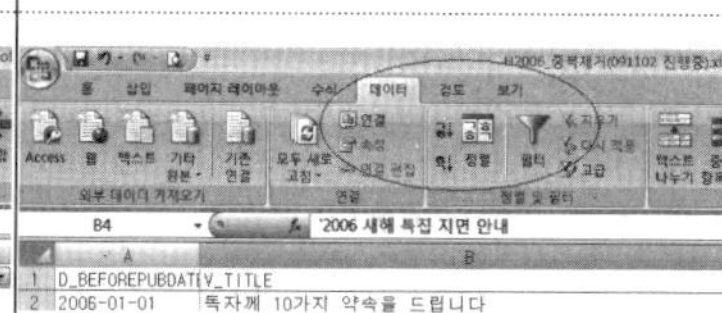
</td></tr>
<tr><td>적용 방법</td><td colspan="2">엑셀 상단 "데이터"란에서 필터 아이콘 클릭
(위 그림 빨간색 동그라미 참조)</td></tr>
</table>

소식, 오늘의+프로, 나눔+소식, 디지털+장터, 새+책, 금융+플라자, 무대+아래, 토막+소식, 가보고+싶어요, 금융+백화점, 새로 나왔어요, 먹고+싶다, 오늘의+증시, 인문+사회, 보고+싶은, 함께+해요, 호텔+소식, 건강+쌈지, 교육+마당, 금융+백화점, 금융+수첩, 오늘의+증시, 이+경기, 토막+뉴스, 함께+가봐요, 본사+손님 (A+B는 포함+포함으로 검색)

32 정제 작업 2단계에서 필터링한 문자열(헤드라인의 전체 혹은 일부)은 아래와 같다. 올해의, 쉽니다, 사망, 별세, 결혼, 승진, 사장, 총장, 임원, 대표, 회장, 총재, 위원, 원장, 본부장, 임용, 발간, 발행, 발매, 강연, 기념회, 모집, 캠프, 강좌, 북, 카툰, 반론, 전적, 프로, 프로필, 전광판, 기업공시, 전시, 캘린더, 부음, 만화, 유통가, 주총소식, 유통가, 취학전, 저학년, 고침 등.

구 분	내 용
문자열 (텍스트) 필터링 선택	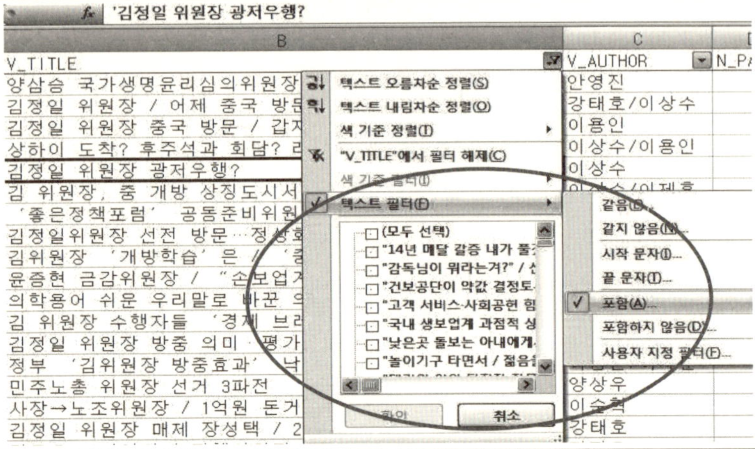
문자열 입력	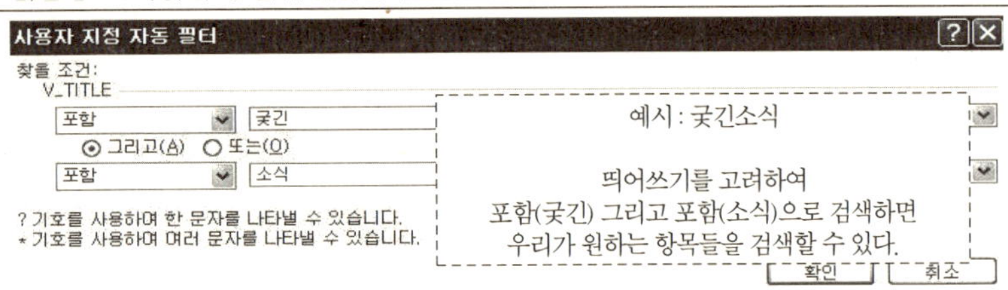

마지막 3단계는 헤드라인을 오름차순 정렬하여 삭제 대상 항목들을 제거하였다. 헤드라인 열을 선택하여 오름차순 정렬( )하고, 결과를 검토하면서 중복기사, 연습기사, 테스트 기사, 사본 기사, 보고 내용, 무의미한 문자, 사고社告 등을 확인하여 제거하였다.

❑ 중복 기사 제거

중복 기사는 제목이 동일하므로 두 항목이 나란히 나타난다. 이때 수작업으로 판 정보가 상대적으로 낮은 값에 해당하는 기사를 삭제하였다. 연습 · 테스트 · 사본 기사는 헤드라인에 각각 '연습 · 테스트 ·

사본'이라고 표시되어 있어서 이를 기준으로 삭제하였다. 또한 사고社告나 의미 없는 문자열들도 중복 되어 있는 경우가 있다. 이들은 주로 헤드라인에 '보고'라는 표시가 있어 삭제하기 용이하였다.[33] 마지막으로 본문 내용이 누락된 일부 기사들을 처리하기 위해 기사 본문을 기준으로 필터링하여 공란을 삭제하였다.[34]

3. 표준화

지면 신문과의 검토 이후에는 인코딩 방식, 삭제 대상 텍스트, 마크업, 기사 분류 등에 대해서도 일관된 처리를 위한 표준화가 필요하다. 이를 신문사별로 나누어서 살펴보자.

1) 신문사별 표준화 과정

가. 『조선일보』

『조선일보』의 TXT 파일은 파일명〈FileId〉, 날짜〈NewsItemId〉, 페이지타입〈PageType〉, 주제분류〈SubjectInfo〉, 부제목〈Subheadline〉, 제목〈headline〉, 기자명〈byline〉, 기사 본문〈CDATA〉에 해당하는 메타 정보가 포함되어 있다. 각각의 필드 정보는 데이터베이스 추출시 '~

33 사내 공지사항의 경우, 기자명에 부서 명칭이 기재되어 있으므로 참조할 수 있다.
34 연도별로 신문사에서 쓰는 용어가 조금씩 바뀌거나 추가되기도 하고, 또 없어지기도 하므로 이를 고려해야 한다.

#~' 기호를 임의로 삽입하여 구분하였고, 마침표는 〈sen〉 태그로 대체하여 부착하였다.

> 예 01142007010110100008~#~허용범~#~JH2_국제~#~2~#~5~#~2007-01-01 오전 12 : 00 : 00~#~"中 · 한국 때문에 對北압박 안통해";워싱턴포스트, 부시정책 지지~#~북한은 인도나 파키스탄과 달리 핵무기 보유를 저지하기 위한 국제사회의 압박이 통할 수 있는 나라인데도 그렇지 못한 것은 중국과 한국의 소극적 태도 때문이라고 미국의 워싱턴 포스트지가 30일 사설을 통해 지적했다〈sen〉 (…중략…) 〈par〉 (워싱턴=허용범특파원 heo@chosun.com) 〈par〉

『조선일보』 XML 파일 역시 TXT 파일과 동일한 메타 정보를 활용할 수 있어서 이를 이용하여 T21ML 변환을 진행하였다. 아래의 〈표 13〉은 『조선일보』의 XML 파일의 메타 정보와 T21ML 항목 사이의 대응 관계를 정리한 것이다. 페이지타입, 면수, 면종, 주제분류, 날짜, 기자명, 기사 본문 등의 메타 정보가 있어 T21ML에서 요구하는 필요한 정보가 모두 포함되어 있다.

〈표 13〉『조선일보』 NewsML 형식과 T21ML 형식 비교

NewsML	T21ML	비고
1. 〈ProviderId〉chosun.com〈/ProviderId〉 2. 〈ProviderId〉조선일보사〈/ProviderId〉	〈Provider〉조선일보사〈/Provider〉	1, 2 모두 가능
해당 파일명	〈FileId〉해당 파일명〈/FileId〉	
–	〈ProjectDesc〉Trend 21 사업〈/ProjectDesc〉	
–	〈RevisionDesc〉[신문사에서 제공한 뉴스 기사 파일을 Trend 21의 Raw Corpus 구축 지침에 따라 수정함. 단 기사 내용은 수정하지 않음]〈/RevisionDesc〉	
〈NewsItemId〉01142007010100023298 〈/NewsItemId〉	〈NewsId〉01142007010100023298〈/NewsId〉	
〈Property FormalName="PageType" Value="DX1"/〉	1. 〈PageType〉문화〈/PageType〉 2. 〈PageType〉과학〈/PageType〉	검토 필요
〈Property FormalName="PrintingPage" Value="53"/〉	〈PrintingPage〉53〈/PrintingPage〉	
〈Property FormalName="SectionPage" Value="1"/〉	〈SectionPage〉1〈/SectionPage〉	
〈Property FormalName="SubjectInfo" Value="정치"/〉	〈SubjectCode〉정치〈/SubjectCode〉	
〈DateLine〉2007-01-01 00 : 00 : 00〈/DateLine〉	〈DateLine〉2007-01-01 00 : 00 : 00〈/DateLine〉	
〈HeadLine〉[키워드]〈/HeadLine〉	〈HeadLine〉〈![CDATA[[키워드]]]〉〈/HeadLine〉	
### 없음 ###	〈SubHeadLine〉〈![CDATA[]]〉〈/SubHeadLine〉	
〈ByLine〉전기병〈/ByLine〉	〈ByLine〉전기병〈/ByLine〉	
〈DataContent〉〈![CDATA[◆e북 (electronic book · 전자 책) 지면에 인쇄하지 않고, 디지털 파일로 제작한 책 컴퓨터나 e북 전용 단말기, PDA(개인휴대단말기), 휴대폰 등에서 읽을 수 있다 제작단가를 낮추고 유통과정을 단순화할 수 있는 것이 특징이다 온라인 서점에서 살 수 있으며, 공공 도서관에서 일정기간 무료로 대여해 주기도 한다]]〉〈/DataContent〉	〈NewsText〉〈![CDATA[◆e북 (electronic book · 전자 책) 지면에 인쇄하지 않고, 디지털 파일로 제작한 책 컴퓨터나 e북 전용 단말기, PDA(개인휴대단말기), 휴대폰 등에서 읽을 수 있다 제작단가를 낮추고 유통과정을 단순화할 수 있는 것이 특징이다 온라인 서점에서 살 수 있으며, 공공 도서관에서 일정기간 무료로 대여해 주기도 한다]]〉〈/NewsText〉	

나. 『동아일보』

신문사별 표준화 과정은 신문사별 자료를 T21ML로 변환하기 위한 표준화 작업이다. 따라서 T21ML로 변환할 수 있는 정보를 찾는 데 목적이 있다. 먼저 『동아일보』 DB 추출 TXT 파일의 T21ML 변환 방법은

다음과 같이 대응시킬 수 있는 정보를 활용한다.

『동아일보』 XML의 T21ML 변환 방법은 다음의 〈표 14〉와 같이 대응하는 정보를 활용한다. 『동아일보』는 파일명, 날짜, 페이지타입〈Pname〉, 면 정보, 면수, 제목, 기자명, 기사 텍스트 등에 해당하는 메타 정보가 구분되어 있어 이를 변환하여 T21ML을 구축하였다.

〈표 14〉 『동아일보』 XML 형식과 T21ML 형식 비교

XML	T21ML	비고
–	〈Provider〉동아일보사〈/Provider〉	
D20080101처럼 먼저 〈Date〉정보에 D를 붙이고 날짜를 명시 D010301401359159.xml	〈FileId〉해당 파일명〈/FileId〉	
–	〈ProjectDesc〉Trend 21 사업〈/ProjectDesc〉	
–	〈RevisionDesc〉[신문사에서 제공한 뉴스 기사 파일을 Trend 21의 Raw Corpus 구축 지침에 따라 수정함. 단 기사 내용은 수정하지 않음]〈/RevisionDesc〉	
파일명	〈NewsId〉D010301401359159.xml〈/NewsId〉	
〈Pname〉종합 : 01〈/Pname〉	〈PageType〉종합 : 01〈/PageType〉	검토 필요
〈Page〉01〈/Page〉	〈PrintingPage〉01〈/PrintingPage〉	
〈Section〉A1〈/Section〉	〈SectionPage〉A1〈/SectionPage〉	
–	〈SubjectCode〉〈![CDATA[]]〉〈/SubjectCode〉	
〈Date〉20080101〈/Date〉	〈DateLine〉20080101〈/DateLine〉	
〈Title〉4 · 9총선 출마예상자 1830명〈/Title〉	〈HeadLine〉〈![CDATA[[키워드]]]〉〈/HeadLine〉	
–	〈SubHeadLine〉〈![CDATA[]]〉〈/SubHeadLine〉	
〈ByLine〉이진구 민동용〈/ByLine〉	〈ByLine〉이진구 민동용〈/ByLine〉	
〈Contents〉〈![CDATA[동아일보가 4월 9일 치러질 제18대 총선의 전국 243개 지역구 출마 예상자를 집계한 결과 1830여 명(지난해 12월 31일 기준)이 출마를 준비 중인 것으로 나타났다. (…중략…) 대통합민주신당은 '견제와 균형'을 슬로건으로 대선 참패를 만회한다는 전략이다.	〈NewsText〉〈![CDATA[동아일보가 4월 9일 치러질 제18대 총선의 전국 243개 지역구 출마 예상자를 집계한 결과 1830여 명(지난해 12월 31일 기준)이 출마를 준비 중인 것으로 나타났다. (…중략…) 대통합민주신당은 '견제와 균형'을 슬로건으로 대선 참패를 만회한다는 전략이다.	

XML	T21ML	비고
이진구 기자 sys1201@donga.com 민동용 기자 mindy@donga.com]]> 〈/Contents〉	이진구 기자 sys1201@donga.com 민동용 기자 mindy@donga.com]]> 〈/NewsText〉	

다. 『중앙일보』

『중앙일보』의 경우에는 MDB 파일을 T21ML로 변환할 때 여타 신문들과 다르게 페이지타입 정보가 별도로 입력되어 있지 않아서 면종 정보에 해당하는〈top_artcl_cd〉를 이용해야 했다. 기사 텍스트는 각 행이 기사ID, 날짜, 호수, 섹션, 섹션면수, 판차, 제목, 부제, 자수字數, 장르(사설 / 오피니언 / 칼럼 / 기획) 등의 정보를 담은 몇 개의 열로 구분되어 있다. MDB 파일의 T21ML 변환을 위한 대응 방식은 다음의 〈표 15〉와 같은 메타 정보를 활용한다.

〈표 15〉『중앙일보』 NewsML 형식과 T21ML 형식 비교

MDB	T21ML	비고
–	〈Provider〉중앙일보사〈/Provider〉	
해당 파일명	〈FileId〉해당 파일명〈/FileId〉	
–	〈ProjectDesc〉Trend 21 사업〈/ProjectDesc〉	
–	〈RevisionDesc〉[신문사에서 제공한 뉴스 기사 파일을 Trend 21의 Raw Corpus 구축 지침에 따라 수정함. 단 기사 내용은 수정하지 않음]〈/RevisionDesc〉	
MDB 파일에 전체 기사가 통합되어 있으므로 〈NewsId〉 정보 없음	〈NewsId〉	
〈top_artcl_cd〉 A	〈PageType〉A〈/PageType〉	검토 필요
–	〈PrintingPage〉	
〈gej_myun〉 1	〈SectionPage〉1〈/SectionPage〉	
–	〈SubjectCode〉	

MDB	T21ML	비고
〈gej_date〉2007-07-02	〈DateLine〉2007-07-02 〈/DateLine〉	
〈artcl_sub_title〉엔저 충격... 대일 수출 5년 만에 감소	〈HeadLine〉〈엔저 충격... 대일 수출 5년 만에 감소〉〈/HeadLine〉	
### 없음 ###	〈SubHeadLine〉	
### 없음 ###	〈ByLine〉	
〈artcl_contnt〉〈엔저 공습으로 대일(對日) 수출이 5년 만에 감소했다. 대중(對中) 수입 증가율은 대중 수출 증가율의 두 배를 웃돈다. 원-달러, 원-엔 환율이 10년 만의 최저 수준으로 떨어지면서 금융분야에서도 한국이 샌드위치 신세가 되고 있다.〈LFCR〉〈관계기사3면 designtimesp=24582〉〈LFCR〉1일 한국은행에 따르면 올 들어 5월 말까지 대일 수출은 105억3000만 달러로 지난해 같은 기간보다 0.6% 줄어들었다. (…중략…) 〈LFCR〉이에 따라 자동차. 전자 등 한국의 주력 수출제품들은 경쟁관계인 중국. 일본 상품에 밀려나면서 수출기업들의 수익성은 나빠지고 삼성그룹까지 비상경영에 들어갔다.〈LFCR〉홍병기 기자〉	〈NewsText〉〈엔저 공습으로 대일(對日) 수출이 5년 만에 감소했다. 대중(對中) 수입 증가율은 대중 수출 증가율의 두 배를 웃돈다. 원-달러, 원-엔 환율이 10년 만의 최저 수준으로 떨어지면서 금융분야에서도 한국이 샌드위치 신세가 되고 있다.〈LFCR〉〈관계기사3면 designtimesp=24582〉〈LFCR〉1일 한국은행에 따르면 올 들어 5월 말까지 대일 수출은 105억3000만 달러로 지난해 같은 기간보다 0.6% 줄어들었다. (…중략…) 〈LFCR〉이에 따라 자동차. 전자 등 한국의 주력 수출제품들은 경쟁관계인 중국. 일본 상품에 밀려나면서 수출기업들의 수익성은 나빠지고 삼성그룹까지 비상경영에 들어갔다.〈LFCR〉홍병기 기자〉〈/NewsText〉	

라. 『한겨레신문』

한겨레 엑셀 파일은 T21Class 입력에 활용할 수 있는 세부 정보가 거의 없는 편이다. 따라서 T21Class 입력은 주로 수작업에 의해서 진행하였다. 하지만 날짜〈D_BEFOREPUBDATE〉, 제목〈V_TITLE〉, 기자명〈V_AUTHOR〉, 판면 정보〈N_PAN/N_PAGE〉, 기사 본문〈V_BODY〉 등의 일반적인 정보는 포함되어 있다. 이를 T21ML에서 기사 게재일은 DateLine으로, 제목은 HeadLine으로, 기자명은 ByLine으로, 면 정보는 PrintingPage로, 본문은 NewsText로 대응시켰다.[35] 다음의 〈표 16〉은

35 판 정보는 원시 코퍼스 구축에 활용된 기사 정보가 최종판이란 것을 전제하기 때문에 일괄 생략하였다.

이러한 대응 관계를 정리한 것이다.

〈표 16〉『한겨레신문』 XLS 형식과 T21ML 형식 비교

XLS	T21ML
D_BEFOREPUBDATE	DateLine
V_TITLE	HeadLine
V_AUTHOR	ByLine
N_PAN	·
N_PAGE	PrintingPage
V_BODY	NewsText

4. 신문기사 주제 분류 – 〈T21Class〉

〈T21Class〉는 각 신문 기사마다 기사 단위로 부여되는 주제 코드값이다. 따라서 신문 기사를 주제별로 분류하기 위해서는 필수적으로 요구되는 값이다. 그러나 신문사에 따라 주제 코드가 일관되게 부착되지 않거나 또는 부착되지 않은 경우도 있어 이들을 처리하는 데에 문제가 될 수 있다.

이 문제를 해결하기 위해 이번 사업에서는 면종 정보pagetype를 활용하여 〈T21Class〉를 대응시키는 방법을 취하였다. 즉 대부분의 면종 정보가 주제 코드와 대응된다는 점을 참조하여 면종 정보를 해당 〈T21Class〉로 일괄 대응시켰다. 그러나 〈표 5〉에서 확인할 수 있듯이 〈종합〉, 〈사설〉, 〈오피니언〉 정보는 면종 정보를 〈T21Class〉와 대응시킬 수 없으므로 이들에 대해서는 수작업으로 입력하였다. 뿐만 아니

라 『동아일보』와 『한겨레신문』의 경우 〈정치〉면이 〈종합〉에 포함된 경우가 많아 이들을 일일이 구분해 주는 작업이 필요하였다.

1) T21Class 분류

T21Class 분류는 크게 장르 분류와 내용 분류로 나뉘고, 장르 분류는 내용 분류에 우선한다. 그리고 장르 분류 안에서의 우선순위는 "사설 〉 오피니언 〉 지역 〉 기획 〉 사람"과 같다. 그리고 내용 분류 안에서의 우선순위는 "국제 〉 정치 〉 과학 〉 스포츠 〉 문화 〉 사회 〉 경제"와 같다.

T21Class의 각 코드에 관해서 부연 설명하면 다음과 같다. 코드값 "01"을 부여하는 정치는 '정부 / 입법부 / 의회 / 사법부' 관련 사안이 중심적인 소식인 경우 여기로 분류한다. 또한, 모든 행정 부서의 정책을 주요하게 다룬 기사도 여기에 포함한다. 단, 방송사 사장의 임명은 정부가 관여하므로 '정치'로 다룬다.

"02"를 부여하는 '국제'의 경우는 한국과 '정치 / 경제 / 사회 / 문화적'으로 직접적인 상관관계가 없는 다른 나라 소식을 담은 기사를 '국제'로 분류하되, 그럼에도 주요한 스포츠 소식인 경우엔 '스포츠'로 분류한다. "03"의 '경제'는 기업, 상품, 주가, 환율, 경영, 부동산 관련 기사가 여기에 속한다.

"04"의 '사회'는 사건사고, 소송, 여론, 대학입시 등이 속한다. 정치인의 뇌물수수, 공여 등도 여기에 포함된다.[36] "05" 문화의 경우는 책, 영화, 시, 공연, 전시, 티비, 교육, 보건, 생태, 등산, 음식, 요리 등에 대한 기사는 '문화'로 분류한다. 묻고 답하는 식의 연재는 일종의 '교육'으로 보아 문화에 포함한다.

"06" 스포츠는 승패, 등수가 있는 것(바둑은 포함하지만 하이킹과 같은 것은 제외함)만 포함하는 것으로 하였다. "07" 과학은 순수과학 이외에도 정보통신, 환경, 의학 등을 포함한다.

"08" 사설의 경우는 신문 편집부가 사회 문제에 대해 가지는 견해나 주장이 담긴 기사를 지칭하는 것이고, "09" 오피니언은 신문사 외부 필자가 사회 문제에 대해 가지는 견해나 주장을 담은 글을 지칭하는 것으로 『중앙일보』의 기사로 따져본다면 고종석 칼럼 등의 칼럼, 시민의 소리 등의 독자 투고, 석학 대담 등이 오피니언에 포함된다.

한편, "10" 기획은 최소화하기로 결정하였다. 특정 제목의 연재는 최대한 관련 분야로 분류하였다. 자칫 기획기사로 분류하기 애매한 기사들이 몰려, 내용과 장르에 따라 기사를 구분한다는 본래의 취지가 희석될 수 있기 때문이다. "11" 지역의 경우는 지방(자치단체)의 정치 / 경제 / 사회 / 문화 소식이 여기에 포함된다(서울시 내용도 포함). 도로 / 교통 등은 대개 지역 뉴스에서 다루어졌고, 기자 이름에 지역명칭이 포함된 경우가 대다수이다. "12" 사람들은 어떤 인물의 업적이나 생애, 근황 소개, 인물 탐방 인터뷰 등의 기사들이 여기에 해당한다. 아래 〈그림 6〉에서는 위와 같은 분류체계에 따라 나타난 〈T21Class〉 입력 예를 살펴볼 수 있다.

---

36 가령 기상청이 계속 오보하여 사회적으로 물의를 빚은 결과로 나온 기사는 '사회'로 분류된다.

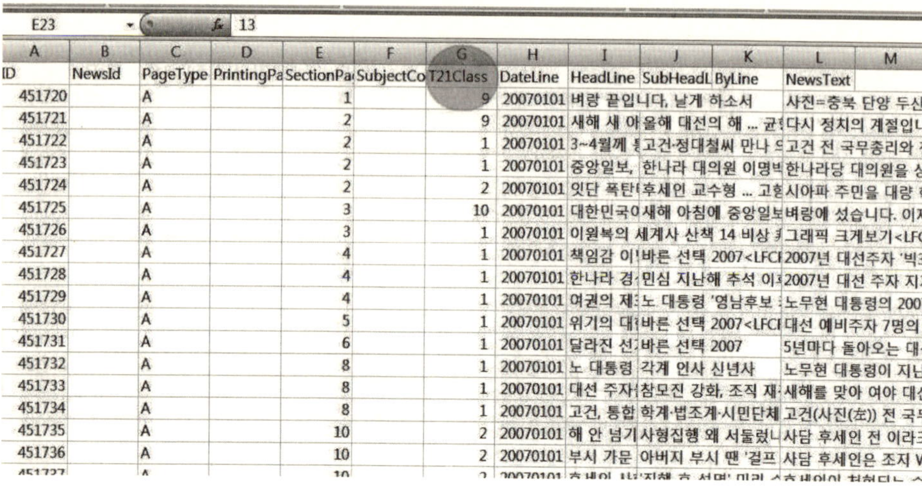

〈그림 6〉 T21Class 입력 예

가. 『조선일보』

『조선일보』에서는 〈T21Class〉에 대응시킬 수 있는 정보를 기사 텍스트의 페이지타입PageType으로부터 대응시킬 수 있었다. 『조선일보』의 페이지타입은 알파벳 문자열과 숫자열의 조합으로 이루어져 있다. 예를 들어 '북한'에 해당하는 기사는 BH-로 시작하는 코드를 부여하고 있다. BH-에 이어서 숫자나 알파벳 등이 연결되는데 이는 별다른 의미는 없다. 따라서 『조선일보』 페이지타입 중 상위 분류로 '정치'에 해당하고 하위 분류로 '북한'에 해당하는 페이지타입은 BH1, BH4, BHA 등의 코드로 입력되어 있다.

이 밖에 『조선일보』의 페이지타입 정보는 다음과 같이 분류할 수 있다. '종합'은 특히 코드가 다양한데 연도별로 코드에 일부 차이가 있었다. 다음의 〈표 17〉은 T21Class와 『조선일보』의 페이지타입 대응표이다.[37]

---

37 4개 신문 모두 분류 기준은 동일하게 적용되었다. 내용 분류 기준은 우선 "국제 / 지역 / 기획 〉 사람들 〉 사설 / 오피니언 〉 과학 〉 스포츠 〉 문화 〉 사회 〉 경제 〉 정치" 순이다.

〈표 17〉 T21Class와 『조선일보』의 페이지타입 대응표

T21 Class	조 선	내 용
01 (정치)	BH-	북한
	JC-	정치
02 (국제)	GJ-	국제
03 (경제)	BD-	부동산
	BZ-	비즈니스
	JS-	주식
	KJ-	경제
	MK-	경제기타
	MK-	경제기타
	MN-	Money
04 (사회)	SH-	사회
05 (문화)	BK-	Books
	BS-	방송
	GA-	가정
	HT-	건강
	MH-	문화
	TC-	TV채널
	TV-	TV프로그램
	HP-	행복플러스
	NK-	느낌

T21 Class	조 선	내 용
05 (문화)	YY-	연예
	WE-	주말 매거진
	WY-	주말섹션
06 (스포)	CY-	스포츠
	LJ-	레저
07 (과학)	HG-	환경
	00-	사람과 컴퓨터
	GH-	과학
	IT-	정보통신
08 (사설)	YR-	[사설] 오피니언
09 (오피)	YR-	오피니언
10 (기획)	KH-	기획
	TX-	특집기타
	TZ-	특집
11 (지역)	GW-	강원
	HN-	호남
	CJ-	충청
	IC-	인천
	IS-	일산
	JB-	중부
	JG-	전국
	JJ-	제주
	KN-	경남/부산

T21 Class	조 선	내 용
11 (지역)	PS-	부산/울산
	SD1-	수도권1
	SD2-	수도권2
	SD3-	수도권3
	SU-	수도권
	SW-	수원
	TG-	대구
	YN-	영남
12 (사람들)	SR-	사람들
종합	JH-	종합
	DX-	종합
	ET-	종합
	EX-	종합
	FX-	종합
	GG-	광고
	PR-	사외보
	SB-	사보
	TP-	종합

나. 『동아일보』

『동아일보』는 페이지타입Pagetype 정보에 의해 T21ML에서 T21Class를 분류하였다. 예를 들어 "부동산, 부동산특집, 아파트 / 회원권 시세, 아파트시세, 재테크, 주식시세, 기업, 금융, 증권"의 소식은 경제로 분류하였다. 문화는 "방송연예, 투데이, 건강, 가정, 여성가정, TV프로, 교육, ARTS, Kids, Weekend, 미즈&미스터, 생활, 바둑, 만화 / 운세 / 바둑, 가요 / 팝, 공연, 여행, 연예, 영화, 책 / 문학, 책 / 신간, 책 / 어린이, 책 / 학술, 책의 향기" 등의 행동 양식이나 생활 양식 등 사회 전반에 걸친 언어, 풍습, 종교, 학문, 예술, 제도 따위를 모두 포함시켰다. 『동아일보』 페이지타입은 "오피니언"으로 분류되어 있지만, 제목에 [사설]로 명시된 것은 별도로 분류하였다. 사설은 기자명 정보를 공란으로 비워두고 있었다. 전체적인 T21Class의 대응 정보는 〈표 18〉과 같다.

〈표 18〉 T21Class와 『동아일보』의 페이지타입 대응표

Code	T21Class	『동아일보』의 페이지타입 'Pname'
		종합, 전국종합
01	정치	정치
02	국제	국제
03	경제	경제, 부동산, 부동산특집, 아파트 / 회원권 시세, 아파트시세, 재테크, 주식시세, 기업, 금융, 증권
04	사회	사회, 언론
05	문화	문화, 방송연예, 투데이, 건강, 가정, 여성가정, 여성 / 가정, TV프로, 교육, ARTS, Kids, Weekend, 미즈&미스터, 생활, 바둑, 만화 / 운세 / 바둑, 가요 / 팝, 공연, 여행, 연예, 영화, 책 / 문학, 책 / 신간, 책 / 어린이, 책 / 학술, 책의 향기, Pname은 투데이지만, Title에 [책갈피 속의 오늘]로 명시된 것
06	스포츠	스포츠

Code	T21Class	『동아일보』의 페이지타입 'Pname'
07	과학	과학, 정보통신, 환경
08	사설	Pname은 '오피니언'인데 Title에 [사설]로 명시된 것은 사설로 추출
09	오피니언	오피니언
10	기획	기획, 간지, NewYorkTimes
11	지역	중부, 중부 / 호남 / 제주, 중부호남제주, 호남제주, 메트로 / 수도권, 수도권, 인천, 인천부천, 대구경북, 부산경남, 부산울산경남, 영남
12	사람들	투데이 (Title에 [책갈피 속의 오늘]로 명시된 것만 제외)

그 밖에 각 지역 기사는 11번으로 분류하였다. T21class에서 '지역'으로 분리되어야 할 페이지타입에는 세부적으로 '중부, 중부 / 호남 / 제주, 중부호남제주, 호남제주, 메트로 / 수도권, 수도권, 인천, 인천부천, 대구경북, 부산경남, 영남' 등이 있다. 다만 월별로 지역의 구분이 3~6개로 다양하게 나타났다.[38]

인사, 발명, 부고 등은 삭제 대상으로 분류하였다. 〈Pname〉이 "투데이"인 기사 중에서 출판된 책에 대한 소개 기사인 [책갈피 속의 오늘]은 T21Class '문화'로 분류하였다.

다. 『중앙일보』

『중앙일보』 신문 텍스트에는 조선이나 『동아일보』와 달리 T21Class로 직접 대응시킬 페이지타입 정보가 없다. 따라서 페이지타입에 적용할 수 있는 섹션section 정보인 E(경제), S(기획), C(문화), W(주말) 등을 활용하여 T21Class의 코드로 대응시켰다. 그래서 조선이나 동아에서는

38 7~9월에는 영남 : 16, 중부 / 호남 / 제주 : 15, 수도권 : 03 이렇게 3가지로만 존재하고, 10월에는 인천 / 부천 : 06과 메트로 / 수도권-2 : 03이 추가되었다.

구분하고 있는 '사회', '경제', '문화'에 해당하는 표지가 없다.

또한 '종합'에 해당하는 A섹션section은 특정 분야의 기사들로 한정되지 않는다는 문제가 있었다. 즉, 『중앙일보』 신문 기사의 '종합(A)' 섹션은 여러 분야를 포괄하고 있었다. 그래서 해당 면의 T21Class 분류는 대부분 수작업을 통해 이루어졌으며, 2009년 12월에 입력을 완료하였다. 세부적인 분류로 E섹션은 '경제'로, W섹션은 '주말'로, S섹션은 '기획'으로, C섹션은 '문화'로 대응시켜 〈표 19〉에서 보는 바와 같이 나타낼 수 있었다.

그리고 〈종합〉에 해당하는A섹션에 대한 분류는 아래 〈표 19〉의 T21Class와 『중앙일보』 페이지타입간의 대응관계를 참조하여 세분하였다.

〈표 19〉 T21Class와 『중앙일보』 페이지타입 대응표

T21Class와 『중앙일보』 페이지타입 대응관계			
	Code	T21Class	페이지타입
내용 분류	1	정치	행정부 / 입법부 / 의회 / 사법부 관련 사안
	2	국제	국제
	3	경제	기업, 상품, 주가, 환율, 경영, 부동산 등
	4	사회	사건사고, 소송, 여론, 대학입시 등
	5	문화	책, 영화, 시, 공연, 전시, TV, 교육, 보건, 생태, 등산, 음식, 요리 등
	6	스포츠	스포츠
	7	과학	순수과학, 정보통신, 환경, 의학
장르 분류	8	사설	사설
	9	오피니언	고종석 칼럼 등의 칼럼, 시민의 소리 등 독자 투고, 석학 대담 등
	10	기획	기획

T21Class와 『중앙일보』 페이지타입 대응관계		
Code	T21Class	페이지타입
11	지역	지방(자치단체)의 정치 / 경제 / 사회 / 문화 소식 등
12	사람들	업적, 생애, 근황 소개, 인물 탐방 인터뷰 등

T21class의 할당 지침은 4개 신문사에 공통적으로 적용함으로써 최대한 자의성이 배제될 수 있도록 고려하였다.[39]

라. 『한겨레신문』

한겨레의 T21Class 입력은 대응시킬 수 있는 면종 정보PageType나 섹션 정보가 없기 때문에 지면 신문과 일일이 대조하여 코드를 입력하였다. T21Class는 원칙적으로 신문사의 페이지타입을 따르는데, 한겨레에서 제공한 엑셀 파일은 페이지타입이 입력되어 있지 않았다. 따라서 인터넷 홈페이지에서 지면 기사를 열람하여 수작업으로 페이지타입 코드를 입력하였다.

『한겨레신문』 엑셀 파일에 대한 T21Class 입력은 크게 두 가지 방식으로 진행하였다. 먼저 2006년 이후 기사는 인터넷 홈페이지의 PDF 서비스를 참조하여 한겨레신문사 자체적인 지면 분류 방식에 따라 페이지타입을 우선 입력하였다. 그리고 '종합'은 '물결 21'에서 마련한 T21ML 구축 기준에 따라서 수작업으로 분류하였다. T21Class는 '종합'이라는 코드를 따로 설정하지 않으므로 한겨레의 '종합'은 각각 '정치,

39 T21Class는 앞서 이절의 도입부에서 설명한 대로 크게 내용 분류와 장르 분류로 나뉜다. 내용 분류는 1(정치), 2(국제), 3(경제), 4(사회), 5(문화), 6(스포츠), 7(과학)의 분류이고, 장르 분류는 8(사설), 9(오피니언), 10(기획), 11(지역), 12(사람)과 같다.

경제, 사회, 문화' 등 T21Class의 주제코드를 부여하였다. '종합' 이외의 페이지타입은 신문사에서 분류한 방식을 그대로 따랐다. 한겨레의 '여론' 면에서는 기고문에 해당하는 오피니언과 신문의 사설을 구분하지 않았다. '여론' 면에서 엑셀 파일 내에 저자명이 공란이면 한겨레 소속의 논설위원이나 기자의 사설이었고, 특정한 이름이 명시되어 있으면 오피니언(외부 기고문)이어서 이에 따라 '사설'과 '오피니언'을 구분할 수 있었다.

PDF서비스가 제공되지 않는 2005년 이전 기사는 참조 정보가 없어 기사 전체를 T21Class 분류 방식에 따라 작업자가 수작업으로 분류하였다.[40] 한겨레에서는 불필요한 정보를 모두 제거하는 과정을 1차에 걸쳐 진행하였으므로 다른 신문과 달리 삭제 대상 기사에 T21Class 필드값 13을 부여하는 과정이 현 단계에서 추가되지 않았다. 이러한 과정을 정리하여 제시하면 다음 〈표 20〉과 같다.

---

40 수작업 분류는 T21Class 입력 지침을 따랐다. T21Class 입력 지침은 4개 신문사가 공통적으로 준수하여 작업자의 자의성을 배제하고 일관성과 통일성을 기하였다.

〈표 20〉『한겨레신문』 PDF서비스를 참조한 T21Class의 입력

구 분	내 용
PDF 서비스 페이지(부분)	입력 방법
 - 쩍…쩌적…매년 1200만ha 땅 '거북등처럼' 사막화 7 면 [기획]	• 엑셀 파일에 면정보가 있으므로, 7면이라고 되어 있는 기사는 기획으로, 8면으로 되어있는 기사는 국제로 입력
	• 단, 면정보가 다음과 같이 특이한 내용이 들어간 경우, 기획으로 분류  4 면 [선진대안포럼]  4 면 [남북정상회담]
 - 돼지 앞에서, 차렷! - 러시아-우크라이나 가스분쟁 유럽에 불똥 - 부시, 연초부터 '전투태세' 바짝 - 인도-중국 맞잡은 손 더 힘주나 - 총련계 오사카 조선고, 일본축구 '돌풍' 8 면 [국제]	• 단, 종합면은 기사를 보고 지침에 의거 입력 (현재 타 신문 작업 중인 것과 마찬가지)
	•『한겨레신문』의 나머지 지면분류와 T21Class 대응관계는 아래 참조

T21Class와『한겨레신문』 페이지타입 대응관계

Code	T21Class	페이지타입
		종합
01	정치	종합(이 중에서 일부), 정치
02	국제	국제, 국제경제, 국제환경
03	경제	경제, 금융과 투자, 금융과 생활, 기업, 부동산, 증권, 소비자
04	사회	사회, 일과 사람, 일터와 일꾼, 교실 밖 교실, 느림과 자유, 여&남, 아이랑 부모랑 등
05	문화	건강, 공연, 미술, 방송, 대중음악, 방송 연예, 여성, 드라마, 맛·멋, 무대, 무용, 출판, 문학, 문화, 문화재, 미디어, 여행, 영화, 학술, 자동차, 종교, 책, 책과 생각 등
06	스포츠	스포츠

구분		내 용
07	과학	과학, 환경
08	사설	여론(이 중에서 기자명이 없는 것)
09	오피니언	여론
10	기획	기획
11	지역	수도권, 전국종합, 지역, 지역경제, 지역종합
12	사람들	사람

5. T21ML 변환

각 신문사로부터 제공받은 원본 문서로부터 신문 기사의 주제 분류 정보인 〈T21Class〉를 입력하고 최종적인 T21ML 구조의 문서를 얻는 과정을 보이면 〈그림 6〉과 같다.

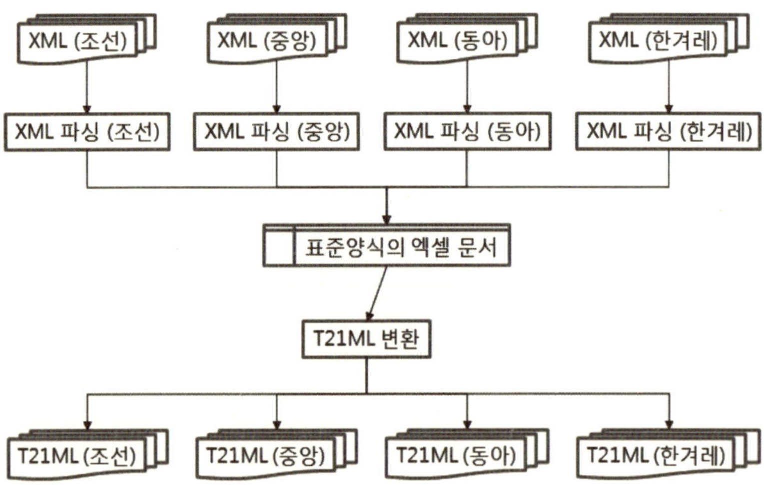

〈그림 6〉 원본 신문 기사를 T21ML로 변환하는 과정

1) 신문사별 T21ML 변환 과정

가. 『조선일보』

『조선일보』 XML 파일도 『동아일보』와 마찬가지로 공통 양식의 엑셀 파일로 변환하는 과정을 거쳤다.[41] T21ML의 주요 Element를 입력하기 위해 『조선일보』 신문 기사 텍스트에 대응 정보가 있는지 여부는 〈표 21〉에서 확인할 수 있다. 아래 표에서 확인할 수 있듯이 〈NewsId〉, 〈PageType〉 등 T21ML에서 요구하는 모든 Element를 대응 정보를 통해 자동적으로 추출할 수 있다. 그리고 다른 신문의 기사 텍스트에 비해 특징적인 것은 〈SubjectCode〉가 입력되어 있어 주제분류 및 T21Class 자동 변환이 비교적 용이하다는 점이다.

〈표 21〉 『조선일보』 T21ML에서의 Element 변환 가능 여부

Element	조선일보
NewsId	있음
PageType	있음
PrintingPage	있음
SectionPage	있음
SubjectCode	있음
T21Class	자동화 가능
DateLine	있음
HeadLine	있음
SubHeadLine	있음
ByLine	있음 (기자의 구분은 띄어쓰기 단위로)
기타	

41 『조선일보』는 데이터베이스에서 추출한 TXT 파일이나 XML 파일 모두 메타 정보가 비교적 상세하게 입력되어 있어서 T21ML의 구성 요소를 입력하는 데 용이하다.

나. 『동아일보』

『동아일보』 XML 파일은 T21ML 변환을 위한 중간 단계로 우선 공통 양식의 엑셀 파일로 변환하였다. 이는 대량의 문서를 일관되게 처리하기 위해 엑셀 파일로 변환한 것이다. 그리고 공통 양식의 엑셀 파일을 대상으로 T21Class 입력이나 전처리 등을 완료하면 이를 토대로 원시 코퍼스를 구축하였다.

공통 양식의 엑셀 파일을 대상으로 T21Class 입력이나 전처리 등을 완료한 후 이를 토대로 원시 코퍼스를 구축하였다. 이러한 과정을 요약하면 아래 〈그림 7〉과 같다.

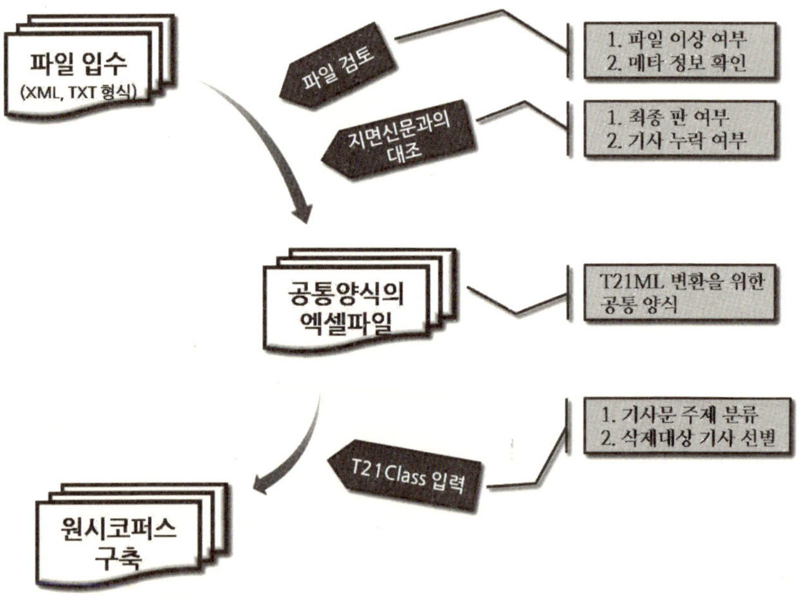

〈그림 7〉『동아일보』 T21ML 변환 과정

파일 검토와 지면 신문과의 대조 작업이 완료된 파일은 T21ML로 변환해야 하는데 현재 표시되어 있는 정보를 T21ML 입력 정보와 대응할 수 있도록 하였다. 『동아일보』 XML 파일의 주요 요소들은 〈표 22〉와 같다. 주제분류〈SubjectCode〉와 부제목〈SubHeadLine〉 정보가 없으므로, 『동아일보』의 T21ML 구축을 위한 중간 변환 단계와 최종 변환 단계에서는 주제분류〈SubjectCode〉와 부제목〈SubHeadLine〉 값은 채울 수 없다.

〈표 22〉 『동아일보』 T21ML 의 Element 대응 정보 여부

Element	『동아일보』
NewsId	있음
PageType	있음
PrintingPage	있음
SectionPage	있음
SubjectCode	없음
T21Class	분류
DateLine	있음
HeadLine	있음
SubHeadLine	없음
ByLine	있음
기타	

❑ T21ML 변환 과정

〈Provider〉는 '동아일보사'가 입력된다. 〈Date〉 정보는 신문 기사의 연월일에 해당하므로[42], T21ML의 파일명〈FileId〉에 대응시킬 수 있는 정보이다. T21ML의 필드값은 D20080101처럼 먼저 D를 붙이고 날짜를

42 〈Date〉20080101〈/Date〉

명시한다. 〈ProjectDesc〉와 〈RevisionDesc〉의 값은 T21ML에서 규정한 내용을 채운다.[43] 『동아일보』 XML 파일의 페이지타입Pname은 T21ML의 면종 정보〈PageType〉에 대응시킬 수 있다. 페이지타입은 '종합 : 01', '경제 : 01', '스포츠 : 01', '간지 : 01' 등이다.[44]

T21ML의 〈PrintingPage〉는 『동아일보』의 XML 파일에서 〈Page〉 정보로부터 대응시킨다. T21ML의 〈SectionPage〉는 『동아일보』 XML의 〈Section〉으로 대응시키는데 A, B, C, X 등으로 구성되어 있다. 〈HeadLine〉 정보는 〈Title〉정보로 대응시키고,[45] 부표제어는 명시되어 있지 않아서 T21ML의 〈SubHeadLine〉는 입력되지 않는다. 기사에 관련한 정보는 T21ML의 〈Newscontents〉에 포함된다.[46] T21ML로 변환하기 위해서는 공통 양식의 엑셀 파일로 변환하는 중간 단계를 필요로 하는데 형식은 다음 〈그림 8〉과 같다.

다. 『중앙일보』

『중앙일보』 MDB 파일도 앞선 내용과 동일한 과정의 중간 변환 단계를 거쳤다. 『중앙일보』도 MDB 파일을 엑셀 파일로 변환하여 필요한 정보를 입력하고 불필요한 정보는 삭제한 후 T21ML 문서로 변환을 하였다. 다음 〈그림 9〉는 변환 과정을 도식화한 것이다.

---

43 〈ProjectDesc〉Trends 21 사업〈/ProjectDesc〉
〈RevisionDesc〉[신문사에서 제공한 뉴스 기사 파일을 Trend 21의 원시 코퍼스 구축 지침에 따라 수정함. 단 기사 내용은 수정하지 않음] 〈/RevisionDesc〉

44 〈Pname〉부동산특집 : 08〈/Pname〉
〈Pname〉부산경남 : 04〈/Pname〉

45 〈Title〉 4·9총선 출마예상자 1,830명〈/Title〉

46 여기에는 기사 날짜, 제목, 부제목, 기자명, 기사 내용 정보가 포함되어 있다.

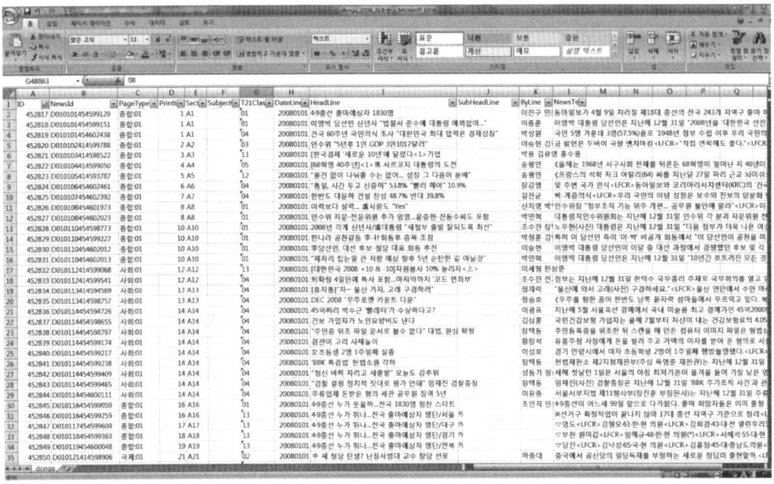

〈그림 8〉 2008년도 신문 기사의 중간 변환 엑셀 파일 예시

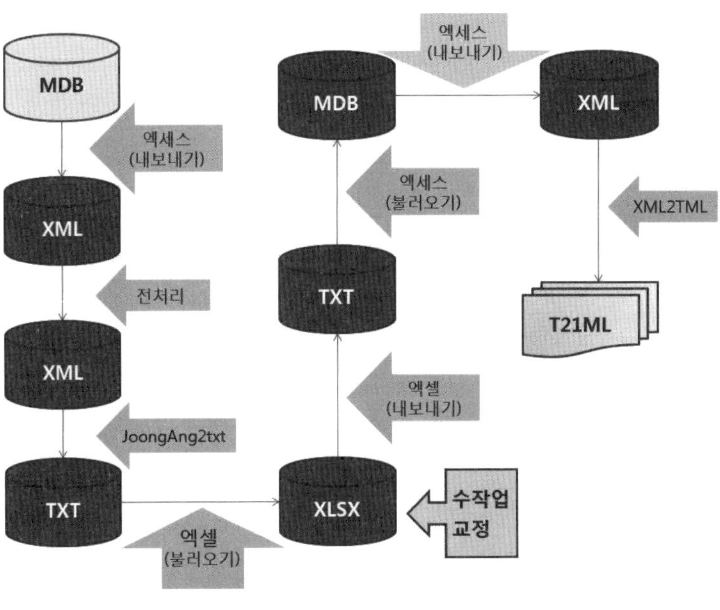

〈그림 9〉 『중앙일보』 T21ML 변환 과정

라. 『한겨레신문』

불필요한 정보에 대한 정제 작업과 지면 기사와의 일치 여부를 검토한 후, T21Class 입력과 추후 T21ML로의 변환을 위해 『한겨레신문』의 XML 파일을 공통 양식의 엑셀 파일로 변환하였다.

〈표 23〉은 한겨레 XML 파일을 공통양식의 엑셀파일로 변환시킨 결과를 보여 주고 있다. 공통양식의 엑셀 파일에서 메타 정보가 대부분 공란인 것을 확인할 수 있다.[47] 'D_BEFOREPUBDATE, V_TITLE, V_AUTHOR, N_PAN, N_PAGE, V_BODY'의 코드는 각각 기사 게재일은 〈DateLine〉으로, 제목은 〈HeadLine〉으로, 기자명은 〈ByLine〉으로, 면수는 〈PrintingPage〉로, 기사 본문은 〈NewsText〉로 대응시켰다.

〈표 23〉 공통양식의 엑셀 파일로의 변환 결과

A	B	C	D	E	F	G	H	I
D_BEFOREPUBDATE	V_TITLE	V_AUTHOR	N_PAN	N_PAGE	V_BODY			
2000-01-01	`총선 심판' 1	백기철/김종철/	1	4	# 국민회의 / 민주신당 창당으로 '바람몰이			
2000-01-01	각계 인사 신년사		1	4	# 주권행사 더 신중하게. / 박준규 국회의			
2000-01-01	1. 마르크 오제(파리 사회과학		1	5	21세기는 `기대와 우려'의 두가지 모습으로			
2000-01-01	<> 리원하이	하성봉	1	6	-홍콩에 이은 마카오의 본토 귀속에 대해			
2000-01-01	(1)'통일해 함	하성봉/강명상	1	6	새로운 천년기를 여는 2000년은 유엔이 정			
2000-01-01	한국 기업의	장하성 고대 교	1	12	새로운 밀레니엄에 한국의 산업과 기업이			

⬇

A	B	C	D	E	F	G	H	I	J	K	L
ID	NewsId	PageType	PrintingPage	SectionPage	SubjectCode	T21Class	DateLine	HeadLine	SubHeadLine	ByLine	NewsText
1			1				20000101	2000.01.01/돈의 탁류에 맞		기동취재팀	날은 밝았다
2			1				20000101	4.13총선 대폭 물갈이 여론		김종철/원성연	국민 10명
3			1				20000101	옐친 전격 사임 / 푸틴 총리		이주명	[모스크바=
4			2				20000101	새해축시 / 즈믄해 동터오는		곽재구	새 즈믄해의
5			3				20000101	<> 김대통령 신년사 요약/새		성한용	새 천년 21,
6			[illegible]				[illegible]	[illegible]		[illegible]	[illegible]

---

47 공통양식의 엑셀 파일은 T21ML 구축을 위한 중간 단계로 다양한 메타정보를 포함하고 있다. 그러나 한겨레는 이러한 메타 정보가 미입력되어 있어 공통양식의 엑셀 파일 변환 시 '뉴스 아이디, 페이지타입, 섹션 정보, 주제코드, 서브헤드라인'의 정보를 자동으로 처리할 수 없다.

4장 | 품사 태깅

품사 태깅part-of-speech tagging은 품사 정보가 부착되지 않은 원시코퍼스를 대상으로 품사 정보를 부착하는 과정을 말한다. 언어유형상 첨가어로 분류되는 한국어는 조사와 어미가 발달해 있기 때문에 품사 태깅은 한국어의 코퍼스 구축과 활용에 있어 필수적인 과정이다. 특히 대규모의 코퍼스를 대상으로 품사 태깅을 하기 위해서는 분석 정확률이 높은 형태 분석 도구를 활용할 수 있느냐가 가장 중요한 관건이 된다. 최근에는 한국어 품사 분석 도구의 성능이 전반적으로 매우 높은 수준에 도달에 있다는 점에서 품사 태깅의 부담은 많이 줄어들었다. 그러나 태깅할 코퍼스의 규모가 방대할 경우 적절한 후처리 과정을 통해 분석 오류를 수정해야 할 필요가 있다.[1]

---

1 '품사 분석'과 '형태 분석' 혹은 '형태소 분석'이란 용어는 구별할 필요가 있으나 자연어 처리 분야에서는 다소 혼동되어 쓰이고 있는 것으로 보인다. 우선 품사 분석은 단어를 대상으로 하게 되므로 '조사'에 대한 분석은 포함할 수 있으나 어미를 포함하기 어렵다는 단점이 있고, '형태' 분석과 '형태소' 분석은 이형태를 인정하느냐의 여부로 구별되는 것

이 장에서는 품사 태깅을 위한 품사 표지과 분석 지침에 대해 먼저 논의하고 '물결 21' 코퍼스를 품사 태깅하기 위해 개발된 태거 학습용 코퍼스와 자동 태깅 과정에 대해서 기술한다. 마지막으로 오류를 수정하는 전략과 방법, 분석 성공률에 대해 논의할 것이다.

1. 품사 표지tag set

품사 표지는 형태 분석 도구의 성능과도 밀접하게 관련될 뿐 아니라 분석 결과의 활용 범위에도 크게 영향을 미치는 요인이 되므로 면밀히 검토할 필요가 있다. 이미 21세기 세종계획의 원시코퍼스를 주석하기 위해 품사 분석 표지에 대한 집중적인 연구가 임홍빈 외(1998)에서 다루어진 바 있으며 세종 분석 표지는 임홍빈 외(1998)의 연구에 크게 의존하고 있다.

세종 분석 표지는 비교적 세분된 국어학적 정보를 포함하면서도 자동 형태 분석 도구의 처리에도 효율적으로 기능할 수 있도록 고안되었는데 그 결과 이후 많은 코퍼스의 주석에서 품사 표지로 선정되기도 하였다.

'물결 21'의 품사 표지 집합은 세종 분석 표지와 크게 다르지 않다. 다음의 〈표 24〉는 '물결 21'을 위해 고안된 형태 분석 표지로서 세종코

인데 조사, 어미를 모두 분석한다는 점에서는 타당하지만 단어의 내부까지 분석해 들어가지 않는다는 의미에서 문제가 있다. 여기서는 품사 분석을 주로 사용하겠지만 관용적으로 쓰인 '형태 분석 도구' 등은 그대로 사용하기로 한다.

퍼스의 형태 분석 표지를 기반으로 하되[2], 분석의 효율성을 높이기 위해 분석 지침의 일부가 수정된 것이다. 특히 세종코퍼스의 분석 표지 가운데 분석의 효율성을 위해 다음의 표지가 제거되거나 통합되는 변화를 겪었다.[3]

어근(XR) : 형용사(VA)와 통합된 단위로 처리

예 따뜻/XR+하/XSA→따뜻하/VA

부정지정사(VCN) : 형용사로 통합

예 아니/VCN→아니/VA

보격조사(JKC) : 주격조사(JKS)와 통합

공동격조사(JC) : 부사격조사(JKB)와 통합

연결어미(EC)와 종결어미(EF) : 어말어미(EM)로 통합

이들 이외에도 접두사와 접미사의 목록을 대폭 축소하여 단어 위주의 분석을 지향하였다.[4]

---

2 세종코퍼스의 분석 표지는 김홍규・강범모(2000), 강범모・김홍규(2009) 등 여러 곳에서도 제시되어 있다.

3 표지의 변화와 관련한 내용은 4장 2절 분석 지침을 참조할 것.

4 접사 목록은 4장 2절 분석 지침을 참조할 것.

〈표 24〉 '물결 21' 품사 태깅을 위한 형태 분석 표지

대분류		'물결 21' 표지	기호
1	체언	일반명사	NNG
		고유명사	NNP
		의존명사	NNB
		대명사	NP
		수사	NR
2	용언	동사	VV
		형용사	VA
		보조용언	VX
		지정사	VCP
3	수식언	관형사	MM
		일반부사	MAG
		접속부사	MAJ
4	독립언	감탄사	IC
5	관계언	주격조사	JKS
		관형격조사	JKG
		목적격조사	JKO
		부사격조사	JKB
		호격조사	JKV
		인용격조사	JKQ
		보조사	JX
6	의존형태	선어말어미	EP
		어말어미	EM
		명사형전성어미	ETN
		관형형전성어미	ETM
		명사파생접두사	XPN
		명사파생접미사	XSN
		동사파생접미사	XSV
		형용사파생접미사	XSA

대분류	'물결 21' 표지	기호
7 기호	마침표, 물음표, 느낌표	SF
	쉼표, 가운뎃점, 콜론, 빗금, 줄표, 물결	SP
	따옴표, 괄호표	SS
	줄임표	SE
	붙임표(숨김, 빠짐)	SO
	외국어	SL
	한자	SH
	기타 기호	SW
	숫자	SN
	분석불능범주	NA

2. 분석 지침

대규모의 원시코퍼스에 품사 정보를 부착하기에 앞서 원리적인 차원에서 전제할 사항이 있다.

첫째, 품사 표지의 주석 대상은 '어절'이다. 즉 어절 단위를 넘어서는 단위에 대해서는 고려하지 않는다. '예술의 전당'은 하나의 명칭이므로 한 단위로 분석할 필요성이 대두되지만 한 어절을 넘어서는 단위이므로 이들을 하나의 단위로 분석하는 것은 품사 분석 단계에서는 가능하지 않다.

둘째, 국어학의 연구 성과를 최대한 반영하면서 국어 현상을 왜곡하지 않는 차원에서 품사 표지 주석이 이루어져야 한다. 대규모의 품사 주석을 하는 과정에서 지나치게 처리의 효율성에 집착하게 되면 종종 국어학적 사실과 상반되는 처리를 하는 경우가 발생한다. 따라서 처리의 효율성은 국어학의 언어적 사실을 최대한 존중하는 차원에서 추구

해야 할 성질의 것이다.

마지막으로 분석의 효율성을 극대화하는 방향으로 주석할 필요가 있다. 이를테면 품사 분석 단계에서 접사 차원까지 분석하는 것은 분석의 한계를 넘어서는 것으로 볼 수 있다. 즉 접사를 설정하지 않는 것이 일반적인 품사 주석이 된다. 그러나 파생접사와 달리 '들, 쯤, 씩' 등과 같이 굴절적인 성격이 강한 접사의 경우에는 분석하는 것이 오히려 유용한 결과를 가져오는 경우가 있다.

이러한 전제를 바탕으로 각 품사별로 품사 주석을 진행하는 과정에서 요구되는 세부적인 지침에 대해 논의해 보자.

1) 일반명사(NNG)

일반명사는 가장 개방적인 품사 범주에 속한다. 특히 사회 문화적으로 변동이 극심한 최근의 정보화 시대에는 다양한 외국어의 유입과 신어 등이 크게 늘어날 수 있으므로 일반명사의 유형은 더욱 다양하게 나타날 것으로 예상된다. 특히 '물결 21' 코퍼스가 신문 기사 텍스트로 구성되어 있다는 점에서 일반명사의 비중은 더욱 높아질 것으로 보인다. 일반명사의 분석에는 다음과 같은 세부 지침을 적용한다.

명사 연결 구성과 합성명사의 분석 기준

한 어절 내에서는 가급적 세분된 분석을 지양하고 통합형을 하나의 일반명사로 처리한다.

합성명사의 경우에는 통합형을 하나의 명사로 처리하는 것은 당연하나, 문제는 합성명사를 판정하는 기준이 문제가 될 수 있다. 세종계획에서는 임시방편으로 일단 『표준국어대사전』(1999)의 표제어를 기준으로 합성명사 여부를 판정하였다. 그러나 종이사전의 합성명사 선정 여부도 다소 불확실한 면이 있는데다가, 합성명사는 지속적으로 생성되는 범주이므로 이에 대한 보완이 절실하다.

표제어가 사전의 표제어로 등록되어 있는 경우는 그대로 분석한다.

예 정치권력(사전 : 정치－권력) [정치권력/NNG]

합성어로 등재되어 있되 띄어쓰기를 허용한 합성어는 세분하여 분석하는 것을 원칙으로 한다.

예 학생운동(사전 : 학생^운동) [학생/NNG+운동/NNG]

단음절 명사와의 결합형

한편 일음절 명사와 결합한 경우에도 통합형 전체를 명사로 하나의 명사로 간주한다. 즉 명사 연결 구성 가운데 1음절 명사가 포함된 경우에는 기존 사전에 표제어로 등재되지 않은 경우라 할지라도 통합해서 처리한다.

예 정규직 [정규직/NNG]

소령급 [소령급/NNG]

외국어 단순 음차

이러한 어절은 분석 불능(NA)으로 처리한다. 이들에게 단어의 자격을 줄 수 없기 때문이다.

예	아이 러브 유(I love you)	[아이/NA]

부호나 숫자, 가운뎃점, 다른 문자 등이 개입된 경우

부호나 문자를 포함한 통합형만이 명사의 자격을 가지고 사용되는 경우에는 이들을 분리하지 않고 전체를 일반명사로 처리한다.

예	5관왕 [5관왕/NNG]	
	벙커C유	[벙커C유/NNG]
	3·1절	[3·1절/NNG]
	2루수	[2루수/NNG]

부호나 숫자 등이 개입하였더라도 분리된 형태가 명사의 자격을 가진다면 분리하여 분석한다.

예	2호기	[2/SN+호기/NNG]
	3판	[3/SN+판/NNB]

그러나 명사의 자격을 가지더라도 숫자나 외국 문자 등으로만 이루어진 어절의 경우에는 명사로 분석하지 않고 숫자, 부호 등의 표지 그

대로 분석한다.

예 6 · 25 [6/SN+ · /SP+25/SN]

예외적 쓰임

따옴표를 가진 성분이나 요소도 명사처럼 기능할 수 있으나, 원래 품사대로 분석한다.

예 대격 조사는 "는"이 아니라 "를"이다. ["/SS+는/JX+"/SS+이/JKS]

부사 뒤에 격조사가 쓰이는 경우도 드물지만 나타난다. 이러한 경우 부사가 명사로 전환된 것이라기보다는 명사상당어의 기능을 하는 것으로 보고, 원래의 품사를 그대로 유지한다.

예 가족을 멀리에 보냈다. [멀리/MAG+에/JKB]

어근의 처리

국어에는 하나의 단어가 조사에 의해 분리되는 현상이 있다. 즉, 하나의 용언이 보조사 등의 삽입에 의해 어근과 접사가 독립된 어절로 분리될 수 있다. 21세기 세종계획에서는 이들을 위해 '어근(XR)' 표지를 설정하기도 하였으나 분리되지 않은 용언에 대해서도 어근 분석을 해야 하고, 온전한 용언으로의 양상을 포착하기에 비효율적인 면이 있어 '물결 21' 코퍼스에서는 어근 표지를 설정하지 않고 분리되지 않은 어근을 별도로 분리해서 분석하지 않는다.

괄호의 개입으로 인해서 어근이 분리된 경우에는 괄호 안의 성분을 무시하고 두 번째 예와 같이 분석한다.

예 따뜻도 하다 [따뜻/NNG+도/JX] [하/XSA+다/EM]

지난(至難)한 세월 [지난하VA+ㄴ/ETM+(/SS+至難/SH+)/SS]

2) 의존명사(NNB)

의존명사는 자립해서 쓰일 수 없는 명사로, 수식 성분을 반드시 동반해야 한다. 의존명사는 비단위성 의존명사와 단위성 의존명사로 나뉠 수 있으나, 본 분석에서는 이를 세분하지 않는다. 또한 의존명사가 일반명사와 같이 독립적으로 쓰일 때는 일반명사로 분석한다. 의존명사와 일반명사의 구분은 『표준국어대사전』의 등재 여부에 따른다.

의존명사지만, 일반명사처럼 쓰이는 경우

"연대, 연도, 연차"는 "년대, 년도, 년차"와 달리 모두 일반명사로 분석한다.

예 연도별로 정리된 자료 [연도/NNG]

몇 년도에 일어난 일 [년도/NNB]

"월, 연, 일, 주, 달러, 원" 등은 본래 의존명사이지만, 독립되어 쓰일 경우 모두 일반명사의 자격을 가지므로 일반명사로 분석해야 한다.

예 나는 월 30만원을 받는다. [월/NNG]
달러의 가치가 떨어지고 있다. [달러/NNG]

특히 한자어 의존명사의 경우는 일반명사로의 쓰임과 의존명사로의 쓰임에 있으므로 분석에 유의해야 한다.

예			
	승(勝)	첫 승을 올리다.	[승/NNG+을/JKO]
		3승 2패	[3/SN+승/NNB]
	씨(氏)	안동김씨	[안동/NNP+김/NNP+씨/NNG]
		김씨가 할 일이야.	[김/NNP+씨/NNB+가/JKS]

비록 사전상 일반명사와 의존명사가 구별되어 있다고 하더라도 형태상, 의미상으로 구별되지 않는 경우는 모두 일반명사로 처리한다.

예 시간 낭비일 뿐이다. [시간/NNG]
24시간 도청되고 있다. [24/SN+시간/NNG]

'가량'의 경우, 사전에는 접미사로 등재되어 있으나 분리되어 쓰이는 경우가 많으므로 언어 현실을 존중한다는 의미에서 의존명사로 처리한다.

예 한 시간가량 [시간/NNG+가량/NNB]

30%가량 [30/SN+%/SW+가량/NNB]

단위를 나타내는 표현

길이, 무게, 수효, 시간 따위의 수량을 수치로 나타내는 단위들 중 "미터, 그램, 리터" 등은 의존명사(NNB)로, 외국어로 된 "m, g, l" 등은 기타기호(SW)로 분석한다.

일반명사가 단위적인 용법으로 쓰인 경우에는 의존명사가 아니라 일반명사로 분석해야 한다.

예 한 사람이 교실로 들어왔다. [사람/NNG+이/JKS]

자장면 한 그릇만 주세요. [그릇/NNG+만/JX]

소주 석 잔을 마셨다. [잔/NNG+을/JKO]

'것'과 구어형 '거'의 분석

'거'의 형태를 그대로 인정하여 분석한다. 그러나 다른 형태와의 결합에서 '거'의 형태가 유지되지 않는 경우에는 '것'으로 복원하여 분석한다.

예 공부할 거를 준비해 왔니? [거/NNB+를/JKO]

공부할 걸 가져왔니? [것/NNB+ㄹ/JKO]

연습할 건 있니? [것/NNB+ㄴ/JX]

먹을 게 모자라다 [것/NNB+이/JKS]

3) 고유명사(NNP)

고유명사의 판별은 다양한 의미적 기준이 적용되기 때문에 분석 결과에 차이가 있을 수 있다. 여기서는 크게 7개의 의미 영역에 해당하는 경우에만 고유명사로 분석한다. 또한 7개의 의미 영역에 속할지라도 일반명사와의 중의성 등을 참조하여 고유명사를 엄밀히 규정하고자 하였다.

또한 고유명사와 '고유명'은 구별되어야 한다. 우리는 하나의 단어를 분석 대상으로 하기 때문에 엄밀히 말하면 '고유명'이 아니라 '고유명사' 분석을 유지해야 한다. 고유명사에는 품사 단위가 전제되어 있는 반면, 고유명에는 그러한 전제가 없다.[5]

이 분석에서는 고유명사의 분석에 있어 의미 중심의 기준보다 형태 중심의 기준을 우선하며, 사전 등재 여부를 기준으로 사전에 등재되지 않은 형태를 중심으로 고유명사를 분석한다.

(1) 인명, 종족명

인명과 종족명은 모두 고유명사가 된다. 단, 다음과 같은 경우에는 분석에 유의한다.

호칭어, 직책명, 인명

'씨氏, 공公, 군君, 양孃, 옹翁' 등 성 또는 이름 뒤에 같이 쓰이는 호칭

5 하나의 어절을 넘어서는 고유명사의 처리가 문제가 된다. 소위 다중어multi-word 처리에 대한 문제로 이를테면 '아파치 족'이 하나의 고유명사라면 이들을 하나의 단위로 통합해서 처리해야 할 것이다. 그러나 현재 어절 경계를 넘어서는 차원의 형태 분석은 다양한 방법론만 연구되고 있을 뿐 대규모 코퍼스의 형태 분석에서는 적용하기 어려운 수준이다.

어나 직책명은 분리하여 분석한다.

예 철수군 [철수/NNP+군/NNB]
김씨 [김/NNP+씨/NNB]
최치원옹 [최치원/NNP+옹/NNB]
정과장 [정/NNP+과장/NNG]
이양 [이/NNP+양/NNB]

'씨, 군' 등과 달리 '-가哥'는 접미사이므로 전체를 통합해서 고유명사로 분석한다.

예 김가, 이가 [김가/NNP] [이가/NNP]
케네디가(家) [케네디가/NNP]

이름 뒤에 '-이'가 붙은 경우에도 역시 '-이'는 접미사이므로 이름과 통합하여 분석한다.

경우에 따라 '성과 이름' 뒤에도 '-이'가 결합할 수 있다. 엄밀히 말하면 이때의 '-이'는 인칭 관련 접미사로 분석해야 하지만, '-이'를 접미사로 설정하지 않는 것이 여러모로 효율적으로 판단되어 '-이'를 분석하지 않고 하나의 고유명사로 처리한다.

예 길동이가 [길동이/NNP+가/JKS]
홍길동이가 [홍길동이/NNP+가/JKS]

직책명 중 '서울시장'과 같이 지명과 함께 쓰인 경우 분리하여 분석한다.

예	서울시장	[서울/NNP+시장/NNG]
	성북구청장	[성북/NNP+구청장/NNG]
	안암동장	[안암/NNP+동장/NNG]

관청 혹은 단체장의 경우 또한 분리하여 분석한다.

예	경찰청장	[경찰/NNG+청장/NNG]
	소방방재청장	[소방/NNG+방재/NNG+청장/NNG]
	노동조합장	[노동/NNG+조합장/NNG]
	생활체육연구소장	[생활/NNG+체육/NNG+연구/NNG+소장/NNG]

성과 이름, 호가 함께 쓰이면 전체를 하나의 고유명사로 분석한다.

예	김철수, 이태백	[김철수/NNP], [이태백/NNP]

별명

별명이 보편성을 띤 경우에는 일반명사로, 고유한 사람을 지칭하는 경우에는 고유명사로 분석한다. 즉, 별명이 특정인의 이름과 같은 기능을 할 경우에 한해서 고유명사로 분석한다.

예 늦잠꾸러기 [늦잠꾸러기/NNG] : 보편성을 띤 경우이므로 일반명사

해동공자 [해동공자/NNP] : '최치원'만을 지칭하므로 고유명사

별명이 사람이 아닌, 만화 캐릭터나 짐승을 뜻하는 경우도 보편성을 띠면 일반명사로, 고유한 대상을 지칭하면 고유명사로 분석한다.

예 파랑이 [파랑이/NNP]

보라돌이 [보라돌이/NNP](애니메이션 캐릭터)

신神의 이름

신의 이름은 원칙적으로 사람 이름에 준하는 것으로 보아 고유명사로 처리한다. '신'의 이름과 '신'이 통합된 경우에는 이를 분리해서 분석한다. 단, 이름이 자립 명사로 쓰이지 못하는 경우에는 이들을 통합해서 고유명사로 분석한다.

예 제우스 [제우스/NNP]

제우스신 [제우스/NNP+신/NNG]

역신(疫神) [역신/NNP]

(2) 지명

지명을 나타내는 일반명사가 고유명 뒤에 붙더라도 전체를 고유명사로 한다.

내륙, 바다, 강, 산, 산맥, 호수, 섬, 만, 계곡, 늪, 주 등의 이름

예 카스피해, 템즈강, 태백산맥, 미시시피호, 네바다주

도道, 시市, 구區, 동洞, 군郡, 읍邑, 면面, 리里, 골, 촌 등의 이름은 그 구역의 종류를 나타내는 말과 함께 전체가 고유명사가 된다.

예 서울특별시 [서울특별시/NNP], 성북구 [성북구/NNP], 강진군 [강진군/NNP], 인창동 [인창동/NNP], 빨래골 [빨래골/NNP], 해방촌 [해방촌/NNP]

행정 단위는 고유명사가 아니라 모두 일반명사로 분석한다.

예 속현 [속현/NNG](고려시대 행정단위)

역驛 이름은 통합된 전체를 고유명사로 한다.

예 서울역 [서울역/NNP]
대전역 [대전역/NNP]

(3) 국가명, 왕조명

국가의 명칭, 또는 왕조의 명칭은 고유명사로 분석한다.

예 대한민국 [대한민국/NNP]
조선 [조선/NNP]

다른 형태가 붙어 국가나 왕조의 존립 기간을 나타내는 경우 고유명사로 한다.

예 대한제국기 [대한제국기/NNP]
조선조 [조선조/NNP]

연호 등도 고유명사로 분석한다.

예 소화 20년 [소화/NNP]
건륭 11년 [건륭/NNP]

'남한'과 '북한'을 의미하는 '남, 북, 남북'은 모두 일반명사와 고유명사를 구별하지 않고 일반명사로만 분석한다.

예 남과 북의 의견 [남/NNG+과/JKB] [북/NNG+의/JKG]
남북적십자회담 [남북/NNG+적십자/NNG+회담/NNG]
북미회담 [북/NNG+미/NNP 회담/NNG]

어떤 국가의 국민을 나타내는 '국가명+인人'은 통합하여 일반명사로 분석한다.

예 이집트인 [이집트인/NNG]
아제르바이젠인 [아제르바이젠인/NNG]

어떤 국가의 군대를 나타내는 '국가+군'은 분리하여 분석한다. ('군'은 일반명사)

예 미군 [미/NNP+군/NNG]
북한군 [북한/NNP+군/NNG]

(4) 건축물, 시설물, 구조물의 이름

사전 등재여부를 기준으로 최소단위까지 분석하여 고유한 항목만 고유명사로 분석한다. 단, '-항, -로'와 같은 접미사는 통합하여 고유명사로 분석한다.

건축물(빌딩, 아파트, 박물관 등)

예 백담사 [백담사/NNP]
백남준관 [백남준관/NNP]
남대문 [남대문/NNP]
서울역사 [서울/NNP+역사/NNG]
세종문화회관 [세종/NNP+문화/NNG+회관/NNG]
구텐베르그박물관 [구텐베르그/NNP+박물관/NNG]
신라호텔 [신라/NNP+호텔/NNG]
미도파백화점 [미도파/NNP+백화점/NNG]

고대병원	[고대/NNP+병원/NNG]
개나리유치원	[개나리/NNG+유치원/NNG]
국립중앙박물관	[국립/NNG+중앙/NNG+박물관/NNG],
명보극장	[명보/NNG+극장/NNG]
동궁예식장	[동궁/NNG+예식장/NNG]

시설물, 구조물(도로, 항만, 철도, 전철, 지하철 등)

예	부산항	[부산항/NNP]
	테헤란로	[테헤란로/NNP]
	타이타닉호	[타이타닉호/NNP]
	무궁화위성	[무궁화/NNG+위성/NNG]
	서울지하철	[서울/NNP+지하철/NNG]
	인천공항	[인천/NNP+공항/NNG],
	설악산국립공원	[설악산/NNP+국립/NNG+공원/NNG]

유물

유물명은 통합형 전체를 고유명사가 아닌, 일반명사로 분석한다. 유물명은 고유 지시의 기능을 하지 못하는 경우가 많기 때문이다.

예	다보탑	[다보탑/NNG],
	석가탑	[석가탑/NNG],
	금동여래입상	[금동여래입상/NNG]

미륵보살반가사유상 [미륵보살반가사유상/NNG]

금동여래좌상 [금동여래좌상/NNG]

(5) 기업, 학교, 정당, 기관, 단체의 이름

기업, 학교, 정당명의 경우 통합형을 고유명사로 분석한다. 단, 정부기관의 명칭과 단체, 연구소의 이름은 세분하여 분석한다.

기업, 학교, 정당의 명칭은 통합형을 고유명사로 한다.

예 삼성 [삼성/NNP], 현대 [현대/NNP], 삼성물산 [삼성물산/NNP], 현대모비스 [현대모비스/NNP], 대우자동차 [대우자동차/NNP], 고려대학교 [고려대학교/NNP], 부산중학교 [부산중학교/NNP], 육군사관학교 [육군사관학교/NNP], 한나라당 [한나라당/NNP], 자유민주주의연합 [자유민주주의연합/NNP], 민주공화당 [민주공화당/NNP]

정부기관의 명칭은 세분하여 분석한다. 그러나 거기에 인명, 지명 등의 고유명사가 포함된 경우에는 해당 형태만 고유명사로 분리해 내고 남은 형태는 일반명사로 분석한다.

예 대법원 [대법원/NNG], 헌법재판소 [헌법/NNG+재판소/NNG], 지방법원 [지방/NNG+법원/NNG], 재정경제원 [재정/NNG+경제원/NNG],

세종연구소 [세종/NNP+연구소/NNG],

서울고등법원 [서울/NNP+고등/NNG+법원/NNG]

특정 기관이나 단체, 연구소, 상호 등의 경우에는 일반명사로 세분하여 분석한다. 그러나 거기에 인명, 지명이 포함되어 있을 경우, 해당 형태만 고유명사로 분석하고 남은 형태는 일반명사로 분석한다.

예	대한축구협회	[대한/NNP+축구/NNG+협회/NNG]
	미국전국은행협회	[미국/NNP+전국/NNG+은행/NNG+협회/NNG]
	생활체육연구소	[생활/NNG+체육/NNG+연구소/NNG]
	입주대표자회의	[입주/NNG+대표자/NNG+협의회/NNG]
	가나안식물원	[가나안/NNP+식물원/NNG]
	일동반점	[일동/NNP+반점/NNG]
	평화열쇠	[평화/NNG+열쇠/NNG]

단, 단체나 조직이 하나의 고유한 이름으로 명명될 경우에는 고유명사로 분석한다.

예	비틀즈(가수 그룹 이름)	[비틀즈/NNP]
	서방파(폭력 조직 이름)	[서방파/NNP]

단체나 조직이라고 하더라도 하나의 고유한 이름으로 명명되지 않을 경우 일반명사로 분석한다.

예		
예	북대서양조약기구	[북대서양/NNP+조약/NNG+기구/NNG]
	서울청소년축구단	[서울/NNP+청소년/NNG+축구단/NNG]
	위너스클럽	[위너스/NNP+클럽/NNG]

약어나 준말의 처리

고유명사가 축약된 형태(준말)로 쓰일 경우, 축약된 형태 그대로를 고유명사로 분석한다. 일반명사로 분석하는 기관명의 약자는 일반명사로 분석한다.

예				
예	고려대	[고려대/NNP]	고대	[고대/NNP]
	육군사관학교	[육군사관학교/NNP]	육사	[육사/NNP]
	자유민주주의연합	[자유민주주의연합/NNP]	자민련	[자민련/NNP]
	서울고법	[서울/NNP+고법/NNG],		
	충주지원	[충주/NNP+지원/NNG]		
	정보통신위	[정보통신위/NNG]		

(6) 책, 연극, 영화 등 창작물의 제목

해당 명사가 사전에 등재되어 있을 경우 고유명사로 분석하고, 그 외의 경우 최소단위까지 분석하여 고유한 항목만 고유명사로 분석한다.

예		
예	삼국사기	[삼국사기/NNP](책)
	손자병법	[손자병법/NNP](책)
	가을동화	[가을/NNG+동화/NNG](드라마)

고래사냥　　　　　[고래/NNG+사냥/NNG](영화)

매일신문　　　　　[매일/NNG+신문/NNG](신문)

시카고트리뷴　　　[시카고/NNP+트리뷴/NNG] (신문)

(7) 언어명

언어명의 경우 '-어'의 형태만을 통합하여 고유명사로 인정한다. '한국말'과 같은 경우는 일반명사로 분석한다.

예　한국어 [한국어/NNP], 영어 [영어/NNP], 알타이어 [알타이어/NNP]
　　한국말 [한국말/NNG], 우리말 [우리말/NNG], 우리글 [우리글/NNG]

(8) 기타

위에서 정한 7가지 기준 이외에도 고유명사 판정을 위해서는 고려할 사항이 많다. 그러나 본 지침에서는 위의 7가지의 경우에 한해서만 고유명사로 분석할 것이다. 미묘한 기준이 설정됨으로써 야기되는 비일관성의 오류를 줄이기 위해서라도 이러한 엄밀한 기준이 효율적이다.

위의 기준 이외에 고유명사에 포함될 수 있는 대상인 사건명, 절기명, 행사명, 분야별 전문어 등에 대한 처리지침은 아래와 같이 정리한다.

사건명, 절기명 등

사건명, 절기명 등은 고유명사로 보지 않는다. 이러한 단어들은 최소 구성 단위까지 분석한 후, 사전 등재여부를 기준으로 분석한다.

예 한일협약 [한/NNP+일/NNP+협약/NNG] : 합성어로 미등재
기묘사화 [기묘사화/NNG] : 합성어로 등재

행사명, 분야별 전문어 등

최소 단위까지 분석하여 사전 등재 여부를 기준으로 분석한다. 최소 단위가 사전에 등재되지 않은 형태일 경우 고유명사로 분석한다. 단, 약품명, 컴퓨터용어 등 분야별 전문어의 경우 일반명사로 분석한다.

예 월드컵 [월드컵/NNG]
프리미어리그 [프리미어/NNP+리그/NNG](스포츠)
챔피언스리그 [챔피언스/NNP+리그/NNG](스포츠)
한국시리즈 [한국/NNP+시리즈/NNG](스포츠)
이스만코닥 [이스만코닥/NNP](영화제)
가족오락관 [가족/NNG+오락관/NNG](TV프로그램명)
나이드라지드 [나이드라지드/NNG](약품명)
프로토콜 [프로토콜/NNG](컴퓨터용어)

4) 대명사(NP)

대명사는 그 자체로는 자신의 본유적 지시물을 가지지 않은 채, 다만 사람이나 사물 등 어떤 대상을 간접적으로 지시하는 품사이다. 국어의 대명사는 그 목록이 매우 폐쇄적이다. 따라서 아래에 제시된 목

록만을 대명사로 한정하여 분석한다. 단, 동일한 대명사가 방언이나 고어의 이형태를 가진 경우에는 이들도 대명사로 같이 분석한다.

① 1인칭 대명사	나, 내, 우리, 저, 제, 저희
② 2인칭 대명사	너, 네, 그대, 당신, 댁, 어르신
③ 기타 대명사	이이, 이분, 그이, 그분, 저이, 저분, 아무, 아무개, 누구, 무엇, 뭐, 어디, 언제, 자기, 걔, 쟤, 얘, 이것, 저것, 그것, 이거, 저거, 그거, 여기, 저기, 거기, 이곳, 그곳, 저곳, 어디, 모(某), 모모(某某)

대명사와 관형사의 중의성이 있는 경우

'모某, 모모某某'는 관형사와 대명사로 분석될 수 있으므로 주의를 요한다.

예	모 기업체	[모/MM]
	김 모씨	[모/NP+씨/NNB]
	모모가 말했다	[모모/NP+가/JKS]
	모모 기관의 조사	[모모/MM]

대명사의 이형태 분석

'이것, 그것, 저것, 이거, 그거, 저거'는 분석하지 않고 대명사로 인정한다. '거'의 경우, 다른 형태와의 결합에서 '거'의 형태가 유지되지 않는다면 그 때에도 '것'으로 복원한다.

예 난 저거를 먹을래. [저거/NP+를/JKO]

나는 여태 그걸 믿어 왔단다. [그것/NP+ㄹ/JKO]

다음과 같이 원형을 밝힐 수 있는 대명사는 원형대로 분석한다.

(7) 이제부터는 내 명령을 따라라. [나/NP+의/JKG]

내게 전자우편으로 알려 다오. [나/NP+에게/JKB]

어제 네게 보낸 선물이 잘못되었다. [너/NP+에게/JKB]

문제가 있다면 제게 말씀해 주세요. [저/NP+에게/JKB]

누가 전화를 하는지 보고해라. [누구/NP+가/JKS]

뉘 집 애기가 이렇게 울고 있는 거야? [누구/NP+의/JKG]

도대체 뭐가 문제라는 거야? [뭐/NP+가/JKS]

'뭐'는 '무엇'과 대등할 정도로 자주 사용되므로 줄임말 형태를 그대로 인정한다.

예 앞으로 우리가 뭘 하자는 얘기이냐? [뭐/NP+ㄹ/JKO]

'제'의 경우, '제/NP+가/JKS'를 제외하고는 모두 '저/NP+의/JKG'로 분석한다.

예 제가 갈 것입니다. [제/NP+가/JKS]

철수는 제 잘못을 안다. [저/NP+의/JKG]

제 무게를 못 견디다. [저/NP+의/JKG]

제 값을 하다. [저/NP+의/JKG]

5) 수사(NR)

수사는 사물의 수량이나 차례를 나타내는 품사를 말한다. 수사는 양수사, 서수사로 흔히 하위 분류되지만 본 분석에서는 이들을 구별하지 않고 모두 수사로만 분석한다.

① 양수사 (고유어) ㉠ 하나, 둘, 셋, 넷, 다섯, 여섯, 일곱, 여덟, 아홉, 열, 스물, 서른, 마흔, 쉰, 예순, 일흔, 여든, 아흔, 백

㉡ 한둘, 두서넛, 서넛, 너덧, 네다섯, 네댓, 대여섯, 예닐곱, 일여덟, 일고여덟, 열두서넛, 열대여섯, 열일고여덟, 스물두서넛

(한자어) ㉠ 일, 이, 삼, 사, 오, 육, 칠, 팔 구, 십, 백, 천, 만, 억, 조

㉡ 기십, 기백, 기천

㉢ 수십, 수백, 수천, 수만, 수억, 수십만, 수백만, 수천만

② 서수사 첫째, 둘째, 셋째, 넷째, (…중략…), 열째, 열한째, (…중략…), 스물한째, (…중략…), 아흔아홉째, 백째, 백한째, (…중략…)

복수의 수사가 한 어절 내에 나타날 때에는 전체를 통합해서 분석한다.

예 백만오천삼십사 [백만오천삼십사/NR]

'하나'는 보통 쓰임에 따라 명사와 수사로 하위 구분하기도 하나 여기서는 구분하지 않고 모두 수사로 처리한다.

예 광에 가서 물건 하나만 가져오렴. [하나/NR+만/JX]
우리는 하나로 뭉쳤다. [하나/NR+로/JKB]

'제일, 제이' 등은 관형사 '제-'와 수사의 결합으로 분석한다.

예 제일, 제이, 제삼, 제사, 제오, (…중략…), 제구십구, 제백, (…중략…) [제/MM+일/NR], [제/MM+이/NR], ……

수사와 수관형사의 구별

때로 수사와 수관형사의 구별이 애매한 경우가 있다. 이 분석에서는 임홍빈 외(1998)의 견해에 따라, 다음과 같은 특이한 형식을 가진 예만을 수관형사로 취급하고, 그 밖의 것들은 모두 수사로 분석한다.

한, 한두, 한두어, 두, 두어, 두세, 두서너, 세, 석, 서, 서너, 네, 너, 넉

6) 동사(VV)

용언은 동사, 형용사, 지정사를 가리킨다. 용언 범주에서는 분석 대상이 본용언일 경우에만 동사와 형용사로 구분하여 표시하고, 보조용언의 경우에는 보조동사와 보조형용사를 구분하지 않고 'VX'라는 하나의 표지만을 준다. 또한 학교 문법에서 서술격조사로 다루는 '이다'는 조사의 범주에 넣지 않고 '지정사'라는 용언의 하위범주에 넣기로 한다. 지정사는 다시 긍정 지정사(VCP)와 부정 지정사(VCN)로 세분되기도 하나(세종코퍼스) 여기서는 지정사는 긍정지정사만 포함하고 부정지정사 '아니다'는 형용사로 분석한다.

동사는 사물의 움직임이나 작용을 나타내는 용언을 말한다. 동사는 일반적으로 목적어의 필요성 여부에 따라 자동사, 타동사로 나누기도 하지만, 본 분석에서는 그것을 위한 별도의 표지를 세분하지 않고 모두 'VV'로 표시한다.

존재사 '있다'의 처리

'있다'는 동사와 형용사의 두 가지 양상을 모두 보이는 복잡한 단어이다. 더구나 그 쓰임이 매우 생산적이므로 이들을 모두 구별하여 분석하는 것은 효율적이지 않으며, 분석의 정확성에도 문제가 될 수 있다. 따라서 이 분석에서는 '있다'를 모두 동사로 처리한다.

7) 형용사(VA)

형용사는 사물의 성질이나 상태를 나타내는 용언을 가리킨다. 형용사는 의미에 따라 성상형용사, 심리형용사, 존재형용사 등의 하위 부류로 분류하기도 하지만 여기서는 이들을 하위 구분하지 않는다.

동사, 형용사 품사통용어의 분석과 처리

우리말에는 형태 변화 없이 품사 경계를 넘나드는 몇몇 단어가 있어 형태 분석 단계에서 유의할 단어들이 종종 있다. 이러한 소위 '품사통용어' 가운데 동사와 형용사에 모두 속하는 형태로는 다음과 같은 단어들이 포함된다.

· 크다

동사로 쓰이는 경우: '자라다, 성장하다'의 의미

예 영양분의 과잉으로 키가 크는 속도가 무척 빨라졌다. [크/VV+는/ETM]

형용사로 쓰이는 경우: 외형적인 정도의 상태를 문제삼을 경우

예 책이 너무 커서 가방에 들어가지 않았다. [크/VA+어서/EM]

· 밝다

동사로 쓰이는 경우: '동이 트다'의 의미

예 이제 새 천년의 새 날이 밝았다. [밝/VV+았/EM+다/EM]

형용사로 쓰이는 경우: '환하다'의 의미

예 스탠드 조명이 너무 밝아서 눈이 부셨다. [밝/VA+아서/EM]

품사 통용어는 아니지만 '못하다'는 다음과 같은 환경에서는 형용사로 분석된다는 점에서 주의를 요한다. 특히 '못하다'는 선행 용언에 후행하여 보조용언으로 자주 쓰이는 빈도가 매우 높다는 점에서 더욱 유의할 필요가 있다.

예 아무래도 공부만큼은 형만 못하지. [못하/VA+지/EM]

8) 보조용언(VX)

보조용언은 제한된 어미를 가지는 용언에 연결되어 문장의 의미를 보조해 주는 역할을 하는 문법 범주이다. 보조용언은 띄어쓰기 규정에 의해 선행 용언과 붙여 쓰는 것이 허용되기 때문에 하나의 어절에 본용언과 보조용언이 띄어 쓰지 않고 함께 나타날 수 있다. 여기서는 보조용언이 선행 용언과 하나의 어절에 나타나느냐의 여부에 관계없이 보조용언을 분리하여 분석한다. 단, 보조용언을 보조동사와 보조형용사로 구분하지 않고 보조용언으로만 분석한다.

보조용언은 국어에서 매우 생산적으로 사용되는데, 보조용언의 목록은 일부 견해 차이를 보이는 항목도 있으나 이 분석에서는 다음의 형태만을 보조용언으로 분석한다.[6]

번 호	목 록	예 문	분석 결과
01	가다	세월이 흘러 가는 대로 떠도는 나그네	가/VX+는/ETM
02	가지다	그렇게 해 가지고는 기일을 맞출 수 없다.	가지/VX+고/EM+는/JX
03	계시다	손님께서 와 계십니다.	계시/VX+ㅂ니다/EM+./SF
04	나가다	추진해 나가는 과정에서 문제가 생겼다.	나가/VX+는/ETM
05	나다	아침에 깨어 나 보니 그가 없어졌다.	나/VX+아/EM
06	내다	힘들겠지만 잘 견뎌 내야 한다.	내/VX+아야/EM
07	놓다	약속을 잡아 놓고 출장을 가다니	놓/VX+고/EM
08	달다	이번 시험 문제의 정답을 알려 다오.	달/VX+오/EM+./SF
09	대다	자꾸 졸라 대는 통에 허락해 주고 말았다.	대/VX+는/ETM
10	두다	남겨 둔 쌀도 이제 바닥이 났다.	두/VX+ㄴ/ETM
11	드리다	염려를 끼쳐 드려 송구하옵니다.	드리/VX+어/EM
12	들다	도무지 내 말은 믿으려 들지 않는다.	들/VX+지/EM
13	말다	어렵더라도 희망을 잃지 말아야 한다.	말/VX+아야/EM
14	먹다	나는 오늘도 수업을 빼 먹었다.	먹/VX+었/EP+다/EM+./SF
15	못하다	그 참상을 차마 보지는 못할 것이다.	못하/VX+ ㄹ/ETM
16	버리다	음식이 다 타 버렸다.	버리/VX+었/EP+다/EM+./SF
17	보다	이제는 새벽이 오는가 보다.	보/VX+다/EM+./SF
18	빠지다	썩어 빠진 생선을 사오다니	빠지/VX+ㄴ/ETM
19	싶다	너를 보고 싶다.	싶/VX+다/EM+./SF
20	쌓다	꼬치꼬치 물어 쌓는 통에 정신이 없었다.	쌓/VX+는/ETM
21	아니하다	일이 순리대로 풀리지 아니했다.	아니하/VX+았/EP+다/EM+./SF
22	않다	시간이 지나도 기차는 오지 않았다.	않/VX+았/EP+다/EM+./SF
23	오다	고향을 떠나 온 지 10년이 지났다.	오/VX+ㄴ/ETM
24	있다	그녀는 검정 옷을 입고 있었다.	있/VX+었/EP+다/EM+./SF
25	주다	아버지는 아기에게 동화책을 읽어 주었다.	주/VX+었/EP+다/EM+./SF
26	지다	한 번 넘어 진 아이는 일어나는 법을 안다.	지/VX+ㄴ/ETM
27	치우다	다섯 명이 10인분의 식사를 먹어 치웠다.	치우/VV+었/EP+다/EM+./SF
28	터지다	끓인 지 오래 되어서 라면이 불어 터졌다.	터지/VX+었/EP+다/EM+./SF
29	하다	나귀를 쉬게 하는 것이 좋겠다.	하/VX+는/ETM

6 여기서는『표준국어대사전』(1999)에서 인정하는 보조용언만을 분석의 대상으로 삼고 있다.

다음의 용언들은 보조용언으로 취급되기도 하나, 여기서는 '의존명사+접사'로 분석한다. 이들 앞에는 항상 관형 성분이 온다는 분포적인 특성을 중시한 것이다.

예 양하다, 듯하다, 법하다, 뻔하다 [양/NNB+하/XSA+다/EM],
체하다, 척하다 [체/NNB+하/XSV+다/EM]

'버릇하다'의 경우에는 선행 성분으로 관형형이 오는 것은 아니지만, 일반명사 '버릇'과 크게 구별되지 않으므로 '버릇'은 명사로 분석한다.

예 자꾸 울어 버릇하다. [버릇/NNG+하/XSV+다/EF+./SF]

9) 지정사(VCP)

지정사는 학교 문법의 서술격 조사에 대응되는 것인데, 용언과 같이 활용한다는 특성을 중시한 술어이다. '이다'를 긍정 지정사로, '아니다'를 부정 지정사로 하위 구분하기도 하지만, 여기서는 '아니다'는 형용사로 분석하고 '이다'만 지정사로 처리한다.

예 철수는 매우 우수한 학생이다. [학생/NNG+이/VCP+다/EM+./SF]

지정사 '이/VCP'를 복원해야 하는 경우

지정사 '이-'는 분포에 따라 생략되는 경우가 있어 분석에서 이를 복원해 주어야 한다.

① 체언에 어미가 직접 연결된 경우

예 철수는 훌륭한 교사다. [교사/NNG+이/VCP+다/EM+./SF]

② 조사에 어미가 직접 연결된 경우

예 우리가 그를 본 것은 서울에서다. [서울/NNP+에서/JKB+이/VCP+다/EM+./SF]

③ '-였다'의 분석

예 그 당시 나는 아이였다. [아이/NNG+이/VCP+었/EP+다/EM+./SF]

④ 어미 '-라고, -라는, -라도, -라며, -라면서, -라서'의 분석

예 나는 그에게 절교라고 말했다. [절교/NNG+이/VCP+라고/EM]

나는 친구라는 말이 좋다. [친구/NNG+이/VCP+라는/ETM]

거지라도 존중해 주어야 한다. [거지/NNG+이/VCP+라도/EM]

그는 최고라며 나를 추켜 주었다. [최고/NNG+이/VCP+라며/EM]

그는 실수라면서 얼버무렸다. [실수/NNG+이/VCP+라면서/EM]

너는 부자라서 이해하지 못할 것이다. [부자/NNG+이/VCP+라서/EM]

⑤ 인용문 뒤에 오는 '-며' 는 지정사를 복원하지 않는다.

예 얼마나 친절하냐?"며 [친절/NNG+하/XSA+냐/EM+?/SF+"/SS+며/EM]

10) 관형사(MM)

관형사는 체언 앞에서 그것을 꾸미는 품사로, 형태 변화를 하지 않는 불변화사에 속한다. 관형사는 지시관형사, 수관형사, 성상관형사로 세분될 수 있는데, 본 분석에서는 이를 세분하여 분석하지 않는다. 또한 관형사는 그 목록이 매우 제한되어 있는데, 관형사의 분석 예를 보이면 다음과 같다.

예 각 가정 [각/MM](各)

그까짓 일 [그까짓/MM]

전 국민 [전/MM](全)

현 정권 [현/MM](現)

관형사는 분포에 따라 다른 품사로 분석될 가능성이 있으므로 문맥을 잘 살펴서 분석해야 한다.

① 관형사, 명사 통용	밥을 먹기 전 손을 씻어라.	[전/NNG]
	전 대통령 비서실장을 지냈다.	[전/MM]
② 관형사, 부사 통용	단 세 명이서 그 일을 꾸몄다.	[단/MM]
	단, 그 일은 해서는 안 된다.	[단/MAJ]
③ 관형사, 명사, 부사 통용	이내 마음을 어찌 알리요.	[이내/MM]
	아침 들판에 이내가 끼었다.	[이내/NNG]
	그는 이내 떠나갔다.	[이내/MAG]

수사와 관형사의 구별

수사가 명사를 단독으로 수식하는 경우 그것을 관형사로 분석하기 쉬우나, '수'를 나타내는 말 가운데서 앞서 언급한 수관형사를 제외하고는 수사는 오로지 수사로만 분석한다. 즉, 수사의 관형사적 쓰임을 인정하지 않는 것이다. 따라서 다음과 같이 '다섯'은 모든 환경에서 중의성 없이 '수사'로만 분석된다.

예	다섯이 먹기에 충분하다.	[다섯/NR+이/JKS]
	다섯 명이 앉아 있었다.	[다섯/NR]

명사구 수식

관형사 '이, 그, 저' 등은 명사구를 수식하기도 한다. 다음과 같은 문장에서 대명사(NP)로 분석하지 않는다는 점에 유의해야 한다.

예 이 얼마나 신나는 일인가? [이/MM]
그 얼마나 큰 축복인가? [그/MM]

11) 접속부사(MAJ)

부사는 용언을 주로 수식해 주는 범주로서 성분 부사와 문장 부사로 대별하고 이를 다시 지시 부사, 부정 부사, 성상 부사 등으로 하위 구분하기도 한다. 이 분석에서는 부사를 성분 부사에 해당하는 부사와 문장 부사 가운데 양태 부사 등을 묶어서 일반부사로 분석하고, 접속부사만 별도로 구분해서 분석한다.

접속부사는 성분과 성분, 문장과 문장을 연결해 주는 기능을 한다. 이 분석에서는 성분의 접속으로만 주로 사용되는 부사는 접속 부사에서 제외하고 주로 문장의 연결에 관여하는 다음의 부사만 접속부사로 분석한다.

그러나, 그리고, 따라서, 하지만, 그런데, 그래서, 그러므로, 그렇지만, 그러면, 그러니까, 그리하여, 단, 하물며

용언 활용형과의 구별

접속부사는 종종 용언의 활용형으로도 쓰일 수 있으므로 주의한다.

예 그래서 마지막에는 조심하라고 했지? [그래서/MAJ]
영희가 그래서 결석을 했구나. [그렇/VA+어서/EM]

12) 일반부사(MAG)

일반부사와 일반명사의 구별

일반부사는 종종 일반명사와 동일형태를 띠고 있어 구분이 어려운 경우가 있다. 이들은 뒤에 조사가 결합하느냐의 여부와, 문맥에서 후행 명사를 수식하느냐의 여부에 따라 부사와 명사로 분석될 수 있다.

예 너의 진짜 속셈이 무엇인지 말해 봐라. [진짜/NNG]
그 수학 문제는 진짜 어려웠다. [진짜/MAG]
지금이 공부하기 딱 좋은 때이다. [지금/NNG+이/JKS]
나는 지금 막 집에 도착했다. [지금/MAG]

부사적인 용법을 가졌음에도 불구하고 일반부사가 아닌 일반명사로만 『표준국어대사전』에 등재되어 있는 단어는 일반명사로만 분석한다.

구석구석, 무작정, 여기저기, 오랫동안, 이곳저곳, 좌우간, 처음, 최근, 한때

일반부사로 분석하기 쉬운 활용상의 불완전동사인 '덩달아, 더불어'는 모두 동사로 분석한다.

예 너는 덩달아 왜 난리니? [덩달/VV+아/EM]

우리 함께 더불어 살아가자. [더불/VV+어/EM]

'명사+없이'는 원칙적으로 '일반명사+없이/MAG'로 분석하지만, 아래와 같이 하나의 단어로 굳어져 사전에 등재된 경우는 '없이' 통합형 자체를 하나의 일반부사로 분석한다.

관계없이, 그지없이, 꾸밈없이, 끊임없이, 난데없이, 남김없이 등

13) 감탄사(IC)

감탄사는 화자의 부름이나 느낌, 놀람이나 대답을 직접적으로 나타내는 품사를 말한다. 감탄사로는 다음의 단어들이 주로 분류된다.

그럼(요), 야호, 어머, 앗, 아, 예, 그래(요), 아니(요), 글쎄, 참, 아이구, 와아, 오호, 세상에

사람이 입으로 직접 내는 소리를 대상으로 하되, 흉내를 내는 의도가 없는 것과 본능적인 놀람이나 느낌을 나타내는 것을 대상으로 한다. 또한 감탄사와 혼동되는 부사로서 음성상징어류의 부사어가 있는데, 이는 감탄사가 아닌 일반부사로 분석한다.

예 야호! 드디어 정상이다. [야호/IC+!/SF]
쿨럭쿨럭 기침을 했다. [쿨럭쿨럭/MAG]

동물의 울음소리 등은 감탄사가 아니라 일반부사로 분석한다.

예 검둥이는 멍멍 짖으며 수풀 속으로 뛰어들어갔다. [멍멍/MAG]

욕이나 욕설을 나타내는 말은 전체를 감탄사로 분석한다.

예 빌어먹을! [빌어먹을/IC+!/SF]

'뭐'는 문맥에 따라 대명사와 감탄사의 두 가지 쓰임이 있다.

예 가. 뭔지도 모른 채 [뭐/NP+이/VCP+ㄴ지/EM+도/JX]
나. 신문에 뭐 대단한 특종이라도 실렸습니까? [뭐/IC]

한 어절이 비정상적으로 늘어나거나 다른 기호가 개입되었을 경우 분석불능 범주(NA)로 처리한다.

예 가. 그러어엄 [그러어엄/NA]

나. 으~어~이 [으~어~이/NA]

14) 주격조사(JKS)

문법 범주에 속하는 품사는 어휘범주에 비해 그 목록이 폐쇄적이다. 따라서 문법 범주에 속하는 형태를 분석할 때에는 폐쇄된 목록을 충실히 확인할 필요가 있다. 또한 문법 범주들은 분포에 따라 형태가 바뀌는 경우도 있는데 예를 들 때에는 주로 대표형만 들기로 한다.

조사는 주로 체언과 결합하여 다른 말과의 문법적 관계를 나타내거나, 특별한 뜻을 더해 주는 품사를 말한다. 조사는 크게 격조사, 보조사, 접속조사로 나눌 수 있지만, 여기서는 접속조사를 부사격조사에 포함시켜 분석한다. 한국어는 조사가 중첩하는 경우가 많은데, 이러한 경우 조사의 결합형은 분리해서 분석함을 원칙으로 한다.

예 부산에서도 대형 사고가 있었다. [부산/NNP+에서/JKB+도/JX]

그녀와의 약속이 갑자기 잡혔다. [그녀/NP+와/JKB+의/JKG]

주격조사는 선행 체언으로 하여금 주어가 되게 하는 조사이다.[7]

---

7 물론 '이'가 주격으로만 쓰이는 것은 아니다. "빛깔이 **좋지가** 않다"에서 '가'는 보조사의 일종으로 다루어지기도 한다. 이 분석에서는 이러한 입장을 인정하지 않고 '이'를 주격조사로만 분석하였다.

번 호	목 록	예 문	분석 결과
01	이/가	책이 보인다.	책/NNG+이/JKS
02	께서	선생님께서 오신다.	선생님/NNG+께서/JKS
03	(이)서	둘이서 그 일을 꾸몄다고?	둘/NR+이서/JKS
04	께오서	황제께오서 친히 방문하셨습니다.	황제/NNG+께오서/JKS
05	께옵서	대왕께옵서 들어오십니다.	대왕/NNG+께옵서/JKS

보격조사의 처리

보격조사를 별도로 설정하기도 한다. 즉 보격조사는 선행 체언으로 하여금 서술어 '되다, 아니다'의 보어가 되게 하는 조사이다. 21세기 세종계획의 형태분석 코퍼스에도 보격조사를 설정하여 분석하고 있다. 그러나 보격조사의 경우 출현 환경을 예측할 수 있다는 점, 주격조사와의 구별이 국어학적으로 크게 의미가 없다는 점 등의 이유로 본 분석에서는 인정하지 않는다. 즉 보격조사와 주격조사를 구별하지 않고 모두 주격조사로 처리한다.

15) 목적격조사(JKO)

목적격조사는 선행 체언으로 하여금 목적어 역할을 하게 해 주는 조사로 '을'이 대표적이다.

번 호	목 록	예 문	분석 결과
01	ㄹ/을/를	나는 바람소리를 들었다.	바람/NNG+소리/NNG+를/JKO

16) 관형격조사(JKG)

관형격조사는 선행 체언으로 하여금 관형어가 되게 하는 조사로 '의'가 유일하다.

번 호	목 록	예 문	분석 결과
01	의	나의 친구는 너 하나뿐이다.	나/NP+의/JKG

17) 부사격조사(JKB)

부사격조사는 선행 체언으로 하여금 부사어가 되게 하는 조사로, 그 형태가 다양한데다가 보조사와 혼동되기도 하므로 분석에 유의해야 한다.

번 호	목 록	예 문	분석 결과
01	(으)로	망치로 못을 박는다.	망치/NNG+로/JKB
02	(으)로서	장관으로서 책임을 져야 한다.	장관/NNG+으로서/JKB
03	(으)로써	이 책을 집필함으로써	집필/NNG+하/XSV+ㅁ/ETN+으로써/JKB
04	같이	바보같이 웃고 다닌다.	바보/NNG+같이/JKB
05	더러	나더러 오라고 안달이다.	나/NP+더러/JKB
06	랑	아버지랑 많이 닮았다.	아버지/NNG+랑/JKB
07	(으)로부터	TV로부터 받는 영향이 크다.	TV/SN+로부터/JKB
08	마냥	백수마냥 늘 놀 수는 없다.	백수/NNG+마냥/JKB
09	마따나	네 말마따나 바로 떠나야 한다.	말/NNG+마따나/JKB

10	만큼	사람만큼 잔인한 동물은 없다.	사람/NNG+만큼/JKB
11	보고	영희보고 들어오라고 해라.	영희/NNP+보고/JKB
12	보다	논리보다 직관을 중시하자.	논리/NNG+보다/KB
13	에	우리는 서로에 대해 너무 모른다.	서로/NNG+에/JKB
14	에게	너에게는 말하기 싫다.	너/NP+에게/JKB+는/JX
15	에게서	나는 철수에게서 그 말을 들었다.	철수/NNP+에게서/JKB
16	에서	집에서 학교까지 걸어서 가기	집/NNG+에서/JKB
17	에서부터	집에서부터 직장까지의 거리	집/NNG+에서부터/JKB
18	와/과	철수는 경미와 함께 간다.	경미/NNP+와/JKB
19	처럼	가시 돋힌 장미처럼	장미/NNG+처럼/JKB
20	하고	철수는 영수하고 사촌지간이다.	영수/NNP+하고/JKB
21	한테	그런 일은 경비한테 맡겨라.	경비/NNG+한테/JKB
22	께	부모님께 말씀드려야 한다.	부모님/NNG+께/JKB

접속조사의 처리

단어나 구 등을 연결하는 접속조사는 별도로 인정하지 않고 모두 부사격조사로만 분석한다.

예 이번 설에는 고기와 배를 우리가 준비했다. [고기/NNG+와/JKB]

18) 호격조사(JKV)

주로 사람을 가리키는 체언 뒤에 연결되어 그것으로 하여금 부름의 대상이 되게 하는 조사이다.

번호	목록	예문	분석 결과
01	아	호동아! 이제 일어나라.	호동/NNP+아/JKV+!/SF
02	야	철수야! 빨리 와.	철수/NNP+야/JKV
03	여	주여, 우리를 굽어 살피소서.	주/NNG+여/JKV
04	(이)시여	신이시여! 우리에게 축복을.	신/NNG+이시여/JKV+!/SF

호격조사와 어말어미는 형태적으로 구분되지 않는 경우가 있으므로 주의한다.

예 저기 오는 것이 철수야. [철수/NNP+이/VCP+야/EM+./SF]

19) 인용격조사(JKQ)

인용문이나 인용구를, 동사에 대한 부사적 성분으로 도입하는 조사이다.

번호	목록	예문	분석 결과
01	고	그는 "이제 가도 좋다"고 말했다.	좋/VA+다/EM+"/SS+고/JKQ
02	(이)라고	문제가 심각하다"라고 전했다.	심각하/VA+다/EM+"/SS+라고/JKQ
03	하고	철수가 "그만" 하고 외쳤다.	"/SS+그만/MAG+"/SS+하고/JKQ

인용격조사는 연결어미와 구별하기 어려운 경우가 있으므로 주의한다.

예 철수는 자기가 학생이라고 말했다.

[학생/NNG+이라고/JKQ](×)

[학생/NNG+이/VCP+라고/EM](○)

철수는 "다음 주에 놀러 가도 좋다"고 말했다.

[좋/VA+다/EF+"/SS+고/JKQ](○)

[좋/VA+다/EF+"/SS+고/EC](×)

인용격조사의 제한

인용격조사는 형태만으로 확인할 수 없고 발화 상황까지 고려해야 하는 복잡한 표지이다. 게다가 인용격조사로 인정되는 형태인 '라고, 하고' 등은 원래 용언의 활용형에 불과하다. 하지만 인용격조사를 설정하지 않을 경우에는 인용부호가 들어간 어절의 처리가 어색해진다. 따라서 우리는 인용격조사를 설정하되, 그 쓰임은 인용부호(", ',), },], >, …)가 있는 경우로만 제한하기로 한다. 물론 인용부호가 빠진 경우에는 어미로 분석한다.

예 철수는 영희가 좋다고 말했다. [좋/VA+다고/EC]

20) 보조사(JX)

보조사는 주로 체언이나 부사 또는 용언의 연결 어미나 종결 어미의 뒤에 쓰여 특별한 뜻을 더해 주는 조사를 말하는데, 격조사에 비해 분포가 자유롭고 심지어는 용언의 어간과도 결합할 수 있다.

번 호	목 록	예 문	분석 결과
01	그려/그래	좋습니다그려.	좋/VA+습니다/EM+그려/JX+./SF
02	까지/까장	걸어서 하늘까지	하늘/NNG+까지/JX
03	깨나	힘깨나 쓰게 생겼다.	힘/NNG+깨나/JX
04	(이)나	극장에나 가자.	극장/NNG+에/JKB+나/JX
05	(이)나마	죽이나마 먹어야 한다.	죽/NNG+이나마/JX
06	은/는	종이는 중국의 발명품이다.	종이/NNG+는/JX
07	은커녕	금은커녕 입을 옷도 없다.	금/NNG+은커녕/JX
08	다	물건을 거기다 놓아라.	거기/NP+다/JX
09	다가	집에다가 갖다놓아라.	집/NNG+에/JKB+다가/JX
10	대로	철수는 철수대로 고민이 있다.	철수/NNP+대로/JX
11	따라	오늘따라 버스도 안 온다.	오늘/NNG+따라/JX
12	도	강아지도 주인은 알아본다.	주인/NNG+은/JX
13	(이)란	인생이란 다 살아봐야 안다.	인생/NNG+이란/JX
14	(이)ㄹ랑	걱정일랑 집어치웁시다.	걱정/NNG+일랑/JX
15	마다	꽃마다 독특한 향기가 있다.	꽃/NNG+마다/JX
16	마저	장미마저 시들고 말았다.	장미/NNG+마저/JX
17	만	사람은 빵만으로 살 수 없다.	빵/NNG+만/JX+으로/JKB
18	밖에	이제는 떠날 수밖에 없다.	수/NNB+밖에/JX
19	부터	우선 노약자부터 태워야 한다.	노약자/NNG+부터/JX
20	뿐	가진 것은 집 한 채뿐이다.	채/NNB+뿐/JX+이/VCP+다/EM+./SF
21	서껀	국물이나 동치미서껀 아무 거나	동치미/NNG+서껀/JX
22	(이)사	남이사 술을 마시건 말건	남/NNG+이사/JX
23	(이)야	인간성이야 좋구 말구.	인간성/NNG+이야/JX
24	(이)야말로	사과야말로 최고의 과일이다.	사과/NNG+야말로/JX
25	요	나는 그림을요 잘 그립니다.	그림/NNG+을/JKO+요/JX
26	조차	이젠 봄조차 빼앗기는구나.	봄/NNG+조차/JX
27	치고	값싼 물건치고 쓸 만한 게 없지.	물건/NNG+치고/JX

보조사 분석 기준

보조사는 '이다'의 활용어미와 구분하기 어려운 경우가 있다. 흔히 보조사로 간주되던 몇몇 형태들은 연결어미와 의미상의 차이가 없으며, 분포상으로도 구별되지 않기 때문에 이런 대상들은 보조사로 분석하지 않는다.

[기준 1] 용언의 어미로 사용되는가.

[기준 2] 체언에 후행할 때 서술어의 자격을 가지고 사용되는가.

① [기준 1, 2]에 부합하는 다음의 형태들은 모두 '어말어미'로 분석한다.

(이)ㄴ들, (이)ㄴ즉, (이)든, (이)든지, (이)라도, (이)라서, (이)라야

② [기준 1, 2]에 부합하지 않는 다음의 형태들은 '보조사'가 된다.

(이)나마, (이)야, (이)ㄹ랑, (이)야말로, (이)란

③ [기준 1]에 부합하지 않으나, [기준 2]에는 부합하는 다음의 형태는 '중의성'을 가진다.

(이)나, (이)요

④ 다음의 형태는 서술격조사 '이다'의 활용형과는 관계가 없으므로 모두 보조사가 된다.

> 까지, 깨나, 는(은/ㄴ), 대로, 도, 따라, 마다, 마저, 만, 말고, 밖에, 부터, 뿐, 조차, 치고, ㄴ커녕

다른 품사와의 중의성 해소 기준

다음의 형태들은 분석 결과에 중의성이 생기므로, 이들을 분석할 때는 특히 주의해야 한다.

예		
(이)란	코알라란 동물은 매우 귀엽다.	[코알라/NNG+이/VCP+란/ETM]
	코알라란 매우 귀여운 동물이다.	[코알라/NNG+란/JX]
(이)나	밥이나 빵을 먹도록 해라.	[밥/NNG+이나/JKB]
	오늘은 빵이나 먹어라.	[빵/NNG+이나/JX]
(이)야	철수야 그 일을 할 수 있지?	[철수/NNP+야/JX]
	내가 좋아하는 것은 철수야.	[철수/NNP+이/VCP+야/EM+./SF]
	철수야! 부르는 소리	[철수/NNP+야/JKV]
(이)요	밥을 먹다가요	[먹/VV+다가/EM+요/JX]
	밥이요 빵이요	[밥/NNG+이/VCP+요/EM]

어말어미와 '요'의 분석

세종형태분석 코퍼스에서는 '종결어미+요'는 종결어미로 통합하여 분석하고, '연결어미+요'는 연결어미와 보조사로 분리하여 분석하였다. 그러나 이 분석에서는 연결어미와 종결어미를 모두 어말어미로 통합하여 처리하고 있으므로 세종코퍼스의 분석과 달리 모든 보조사를 어말어미와 분리하여 분석한다.

예 좋아하는 사람이 많으니까요. [많/VA+으니까/EM+요/JX+./SF]
몸이 아파서요 결석을 했습니다. [아프/VA+아서/EM+요/JX]

'말고'의 분석

'말고'는 보조사로 완전히 문법화된 것으로 보기 어려우므로, 용언 '말다'의 활용형으로 처리한다.

예 돈말고 지혜가 필요하다. [돈/NNG+말/VV+고/EM]

'밖에'의 분석

'밖에'를 보조사로 분석할 때에는 일반명사와의 중의성을 고려하여 혼동하지 않게 유의해야 한다.

예 담배 피우는 사람이 너밖에 없다. [너/NP+밖에/JX]
이밖에 고실업 · 빈부격차 등의 문제가 있다. [이/MM+밖/NNG+에/JKB]

21) 선어말어미(EP)

선어말어미는 용언이 활용할 때 어간과 어말 어미 사이에 개재하는 의존형태로서 주로 높임법이나 시제, 양태를 나타낸다. 선어말어미의 목록은 연구자에 따라 다를 수 있으나 이 분석에서는 아래의 것만을 선어말어미로 인정한다.

번호	목록	예문	분석 결과
01	-겠-	그 일은 내일 처리하겠다.	처리/NNG+하/XSV+겠/EP+다/EM
02	-(으)시-	선생님께서 손수 만드신	만들/VV+시/EP+ㄴ/ETM
03	-옵-	어머님께 선물을 받치옵고	받치/VV+옵/EP+고/EM
04	-았-	우리가 먹었던 음식이 잘못됐다.	먹/VV+었/EP+던/ETM
05	-았았-	거기는 전에 갔었던 곳이다.	가/VV+았/EP+었/EP+던/ETM

복수의 선어말어미가 한 음절로 통합된 경우에는 각각 분리해서 분석한다.

예 그 일은 어머니께서 하셨다. [하/VV+시/EP+었/EP+다/EM+./SF]

다음의 선어말어미는 어간이 생략된 경우이긴 하지만, 표면형을 중시하여 생략된 어간을 복원하지 않는다.[8]

8 이는 세종형태분석 코퍼스의 분석과는 달라진 점이다. 세종코퍼스에서는 이러한 경우 생략된 어간을 복원하는 방식을 취하였다. 그러나 생략된 성분의 복원을 인정할 경우 표면형과의 괴리가 문제가 될 뿐 아니라 복원의 기준을 정하는 데에도 어려움이 있다.

예 이것은 그대로 두어야겠다. [두/VV+어야/EM+겠/EP+다/EM+./SF]

철수가 그것을 가져오랬다. [가져오/VV+라/EM+았/EP+다/EM+./SF]

선생님께서 가자시오. [가/VV+자/EM+시/EP+오/EM+./SF]

22) 어말어미(EM)

어말어미는 용언의 어간이나 선어말어미 뒤에 연결되어 용언의 형식을 완성시키는 어미로서 한 문장을 끝맺는 역할을 하는 어미이다. 그러나 종결어미가 문장의 종결에만 사용되는 것은 아니고, 문맥에 따라서는 연결 어미로 쓰이기도 한다. 종결어미와 연결어미는 21세기 세종계획의 형태분석 코퍼스에서는 별도의 분석 표지로 구별하였으나 이 분석에서는 연결어미와 종결어미를 모두 하나의 표지(EM)로 통합하여 분석한다. 연결과 종결의 구분이 그리 유효하지 않기 때문이다. 다음은 주로 종결어미로 쓰이는 형태들의 목록과 사용례이다.

번 호	목 록	예 문	분석 결과
01	-게	그만한 돈이 있으면 좋게.	좋/VA+게/EM+./SF
02	-구나	넌 정말 멋지구나!	멋지/VA+구나/EM+!/SF
03	-ㄴ가	이것이 무엇인가?	무엇/NP+이/VCP+ㄴ가/EM+?/SF
04	-ㄴ걸	이제 시작인걸.	시작/NNG+이/VCP+ㄴ걸/EM+./SF
05	-ㄴ다	이건 말도 안 된다.	되/VV+ㄴ다/EM+./SF
06	-나	자네 그리로 가나?	가/VV+나/EM+?/SF
07	-냐	키가 얼마나 크냐?	크/VA+냐/EM+?/SF
08	-네	정말 큰일 났네!	나/VV+았/EP+네/EM+!/SF
09	-느냐	그것보다 이것이 낫느냐?	낫/VA+느냐/EM+?/SF
10	-는걸	그는 벌써 갔는걸.	가/VV+았/EP+는걸/EM+./SF
11	-는구나	앞이 잘 안 보이는구나.	보이/VV+는구나/EM+./SF
12	-구려	당신도 가시겠구려.	가/VV+시/EP+겠/EP+구려/EM+./SF
13	-는구려	잘도 먹는구려.	먹/VV+는구려/EM+./SF
14	-는구먼	공부를 잘하는구먼.	잘/MAG+하/XSV+는구먼/EM+./SF
15	-는도다	짐이 조서를 내리는도다.	내리/VV+는도다/EM+./SF
16	-ㄹ게	그렇게 할게.	하/VV+ㄹ게/EM+./SF
17	-세	제대로 좀 하세.	하/VV+세/EM+./SF
18	-습니까	그래도 되겠습니까?	되/VV+겠/EP+습니까/EM+?/SF
19	-습니다	정말 재미있습니다.	재미있/VA+습니다/EM+./SF
20	-ㅂ시다	다시 만납시다.	만나/VV+ㅂ시다/EM+./SF
21	-ㅂ시오	서둘러 주십시오.	주/VX+시/EP+ㅂ시오/EM+./SF
22	-아라/어라	웃기지 말아라.	말/VX+아라/EM+./SF
23	-으냐	물이 얼마나 깊으냐?	깊/VA+으냐/EM+?/SF
24	-은가/는가	그것이 좋은가?	좋/VA+은가/EM+?/SF
25	-자	밥 먹으러 가자!	가/VV+자/EM+!/SF
26	-오/으오/소	물이 깨끗하오.	깨끗하/VA+오/EM+./SF
27	-ㅂ디다	참 좋은 곳입디다.	곳/NNB+이/VCP+ㅂ디다/EM+./SF
28	-거든	나는 이것이 좋거든!	좋/VA+거든/EM+!/SF
29	-ㄴ걸/은걸	힘이 꽤 센걸.	세/VA+ㄴ걸/EM+./SF
30	-ㄹ걸/을걸	모른다고 할걸.	하/VV+ㄹ걸/EM+./SF
31	-ㄹ까	이제 밥을 할까?	하/VV+ㄹ까/EM+?/SF
32	-다오	그가 가지고 있다오.	있/VX+다오/EM+./SF

번호	목록	예문	분석 결과
33	-다네	일을 망쳤다네	망치/VV+었/EP+다네/EM+./SF
34	-다구	돈이 많다구?	많/VA+다구/EM+?/SF
35	-다니까	돈이 없다니까!	없/VA+다니까/EM+!/SF
36	-냐고/느냐고	그가 누구냐고?	누구/NP+이/VCP+냐고/EM+?/SF
37	-다니	무엇을 읽었다니?	읽/VV+었/EP+다니/EM+?/SF
38	-ㅂ디까/습디까	보기에 좋습디까?	좋/VA+습디까/EM+?/SF
39	-다면서	술은 싫다면서?	싫/VA+다면서/EM+?/SF
40	-다나	그도 가겠다나.	가/VV+겠/EP+다나/EM+./SF
41	-렴/으렴	맘대로 해 보렴.	보/VX+렴/EM+./SF
42	-려무나	책이나 읽으려무나.	읽/VV+으려무나/EM+./SF
43	-라니까	그 사람이 아니라니까.	아니/VA+라니까/EM+./SF
44	-자	잠이나 자자.	자/VV+자/EM+./SF
45	-세	일이나 하세.	하/VV+세/EM+./SF
46	-자꾸나	약속을 좀 미루자꾸나.	미루/VV+자꾸나/EM+./SF
47	-자니까	그만 따지자니까.	따지/VV+자니까/EM+./SF
48	-지	그가 언제 오지?	오/VV+지/EM+?/SF
49	-아/어	밥 먹어!	먹/VV+어/EM+!/SF
50	-ㅁ세/음세	그날 꼭 옴세.	오/VV+ㅁ세/EM+./SF
51	-단다	애들이 다쳤단다.	다치/VV+었/EP+단다/EM+./SF
52	-니	그게 없니?	없/VA+니/EM+?/SF

'종결어미+요'나 '연결어미+요'의 '요'는 보조사로 분리해서 분석한다.

예 말씀대로 했는걸요. [하/VV+았/EP+는걸/EM+요/JX+./SF]

'-세요'는 다음과 같이 선어말어미까지 분석한다.

예 어서 출근하세요. [출근/NNG+하/XSV+시/EP+어요/EM+./SF]

'-죠'는 '-지요'의 축약형으로 볼 수 있으나 여기서는 독립된 어미로 분석한다.

예 어서 출근하죠. [출근/NNG+하/XSV+죠/EM+./SF]

한편 다음의 어미는 주로 용언의 어간이나 선어말 어미 뒤에 연결되어 문장을 종결시키지 못하고 뒤에 오는 절을 연결시켜 주는 기능을 주로 하는 어미들로서, 다음과 같은 형태가 대표적이다.

번 호	목 록	예 문	분석 결과
01	-거나	누가 오거나 상관할 것 없다.	오/VV+거나/EM
02	-거니	비가 오겠거니 생각했다.	오/VV+겠/EP+거니/EM
03	-건대	내가 보건대, 네 말이 옳다.	보/VV+건대/EM
04	-고	일을 하고 밥을 먹자.	하/VV+고/EM
05	-곤	숙제한 것도 빌려가곤 한다.	빌리/VV+어/EM+가/VX+곤/EM
06	-느니	앉아서 걱정하느니 직접 하겠다.	걱정/NNG+하/XSV+느니/EM
07	-든지	어떠하든지 무슨 상관인가?	어떠하/VA+든지/EM
08	-며	노래하며 춤을 춘다.	노래/NNG+하/XSV+며/EM
09	-면서	푸르면서 검은 물빛	푸르/VA+면서/EM
10	-자	집에 오자 비가 그쳤다.	오/VV+자/EM
11	-락	오르락 내리락	오르/VV+락/EM
12	-거든	가거든 말해라.	가/VV+거든/EM
13	-거늘	이미 늦었거늘 어쩌겠는가?	늦/VV+었/EP+거늘/EM
14	-건마는	말렸건마는 아직도 축축하다.	말리/VV+었/EP+건마는/EM
15	-고자	벗어나고자 몸부림쳤다.	벗어나/VV+고자/EM
16	-기에	실수했기에 용서해 주었다.	실수/NNG+하/XSV+았/EP+기에/EM
17	-ㄴ다손	밉다손 치더라도 구박하지 말자.	밉/VA+다손/EM
18	-ㄴ다기에	앞으로 잘 한다기에 승낙했다.	하/VV+ㄴ다기에/EM

번 호	목 록	예 문	분석 결과
19	-ㄴ데/는데	예쁜데 미워한다.	예쁘/VA+ㄴ데/EM
20	-ㄴ들/는들	간다 한들 아주 갈까?	하/VV+ㄴ들/EM
21	-ㄴ즉	배가 고픈즉 속이 쓰리다.	고프/VA+ㄴ즉/EM
22	ㄴ지라	눈이 온지라 길이 미끄럽다.	오/VV+ㄴ지라/EM
23	-나	눈이 오나 비가 오나 같다.	오/VV+ㄴ나/EM
24	-나니	멀리 보이나니 넓은 들이로다.	보이/VV+나니/EM
25	-나마	맛이 좋지 못하나마	못하/VX+나마/EM]
26	-노니	묻노니, 포부가 무엇이냐?	묻/VV+노니/EM+,/SP
27	-는다기에	빵을 먹는다기에 주었다.	먹/VV+는다기에/EM
28	-니	멍하니 서있다.	멍하/VA+니/EM
29	-니까	웃기니까 좋다.	웃기/VV+니까/EM
30	-다가	자랑하다가 망신당했다.	자랑/NNG+하/XSV+다가/EM
31	-다기에	그녀가 예쁘다기에 보러 왔소.	예쁘/VA+다기에/EM
32	-대도	시간이 있대도 만나 주질 않는다.	있/VV+대도/EM
33	-더라도	가더라도 꼭 돌아와라.	가/VV+더라도/EM
34	-던들	진작 알았던들 방법을 취했지.	알/VV+았/EP+던들/EM
35	-도록	미치도록 일했다.	미치/VV+도록/EM
36	-되	싸우되 꼭 지도록 해라.	싸우/VV+되/EM
37	-ㄹ뿐더러	비가 올뿐더러 바람도 분다.	오/VV+ㄹ뿐더러/EM
38	-ㄹ수록	갈수록 태산이다.	가/VV+ㄹ수록/EM
39	-ㄹ지	비가 얼마나 올지 모른다.	오/VV+ㄹ지/EM
40	-ㄹ지라도	이길지라도 명예롭지는 않다.	이기/VV+ㄹ지라도/EM
41	-ㄹ지언정	죽을지언정 그 일은 못하겠다.	죽/VA+을지언정/EM
42	-라고	바보라고 생각한다.	바보/NNG+이/VCP+라고/EM
43	-랍시고	반장이랍시고 행패만 부린다.	반장/NNG+이/VCP+랍시고/EM
44	-러	청소하러 가자.	청소/NNG+하/XSV+러/EM
45	-려	웃으려 한다.	웃/VV+으려/EM
46	-려니와	비용도 문제려니와	문제/NNG+이/VCP+려니와/EM
47	-련마는	보면 반가우련마는 볼 수가 없네.	반갑/VA+련마는/EM
48	-면	지옥이 존재하면 만원일 것이다.	존재/NNG+하/XSV+면/EM
49	-므로	비가 오므로 가지 않겠다.	오/VV+므로/EM

번 호	목 록	예 문	분석 결과
50	-아도/어도	암만 봐도 모르겠다.	보/VV+아도/EM
51	-아서/어서	덫을 놓아서 꿩을 잡았다.	놓/VV+아서/EM
52	-아야	이 일은 잘해야 한다.	잘/MAG+하/XSV+아야/EM
53	-으나	밥을 먹으나 마나이다.	먹/VV+으나/EM
54	-으나마	맛은 없으나마 많이 드세요.	없/VA+으나마/EM
55	-지마는	비가 오지마는 가야 한다.	오/VV+지마는/EM
56	-게	개를 굶게 하지 마라.	굶/VV+게/EM
57	-고	일단 먹고 보자.	먹/VV+고/EM
58	-아/어	입을 막아 버렸다.	막/VV+아/EM
59	-지	우기지 못해 버렸다.	우기/VV+지/EM

어미에 따라서는 다른 형태와 분석의 중의성이 생길 수 있으므로 문맥을 잘 확인할 필요가 있다.

예 -데 너는 내가 왔는데 기쁘지도 않니?

[오/VV+았/EP+는데/EM]

내가 지금 있는데가[9] 어디지?

[있/VV+는/ETM+데/NNB가/JKS]

-지 다들 만족하는지 아무런 불평이 없다.

[만족/NNG+하/XSV+는지/EM]

너를 만난지도 꽤 오래구나.

[만나/VV+ㄴ/ETM+지/NNB+도/JX]

9 맞춤법의 띄어쓰기 규정에 따르면 이러한 경우 '있는 데가'로 써야 할 것이지만, 단음절 의존명사가 포함된 많은 어절의 띄어쓰기에 오류가 많이 포함되어 있다. 아래의 '만난 지도'도 유사한 경우이다.

'-음직'의 분석

'-음직'은 "음직/EM"으로 분석한다. 그러나 '바람직, 먹음직' 등은 그 자체가 하나의 어근이므로 더 이상 분석할 수 없다는 것에 유의한다.

예 어른답고 믿음직하게 행동해라. [믿/VV+음직/EM+하/VX+게/EM]
그것 참 먹음직스럽다. [먹음직스럽/VA+다/EM+./SF]
그것은 매우 바람직한 일이다. [바람직하/VA+ㄴ/ETM]

23) 명사형 전성 어미(ETN)

명사형 전성 어미는 한 문장의 성격을 임시로 바꾸어 다른 문장 속에서 명사적인 역할을 하게 하는 어미를 말한다.

번 호	목 록	예 문	분석 결과
01	-기	그 일은 정말 중요하기 때문이다.	중요하/VA+기/ETN
02	-ㅁ/-음	중요/XR+하/XSA+기/ETN	얻/VV+음/ETN+이/JKS

연결어미와의 중의성

다음과 같이 '-음'은 명사형 어미와 어말어미와 형태상으로 구분이 되지 않을 경우가 있다. 그러나 이러한 중의성은 구별되어야 한다.

예 이제 비가 그만 왔음 좋겠다. [오/VV+았/EP+음/EM]

불규칙 용언 어간에 명사형 전성 어미가 붙어 있을 경우 '-음'이 아닌 '-ㅁ'으로 분석한다.

예 김철수 지음 [짓/VV+ㅁ/ETN]

'-음, -기'가 붙은 말이 단순히 명사형이냐 아니면 굳어진 명사이냐 하는 것은 물론 문맥에 따라 결정되어야 하지만 먼저 그것이 "사전"에 등재되어 있느냐의 여부를 살펴보아야 한다.

예 책을 읽기가 어렵다. [읽/VV+기/ETN+가/JKS]
읽기 교육이 문제가 된다. [읽기/NNG]

24) 관형사형 전성 어미(ETM)

용언의 성격을 임시로 바꾸어 다른 문장 속에서 관형사적인 역할을 하게 하는 어미이다.

번호	목록	예문	분석 결과
01	-ㄴ/은	어제 먹은 빵에 이상이 있었다.	먹/VV+은/ETM
02	-는	읽어버린 물건을 찾는 일은 요즘은 어렵다.	찾/VV+는/ETM
03	-던	이제까지 미루던 일을 오늘 해치웠다.	미루/VV+던/ETM
04	-ㄹ/을	나에게는 아직 처리할 일이 있다.	처리/NNG+하/XSV+ㄹ/ETM
05	-런	어제런 듯하다.	어제/NNG+이/VCP+런/ETM

불규칙 용언 어간에 관형사형 전성 어미가 있을 경우 '-은, -을'이 아닌 '-ㄴ, -ㄹ'로 분석한다.

예 그녀의 고운 얼굴 [곱/VA+ㄴ/ETM]
그녀는 매우 아름다울 것이다. [아름답/VA+ㄹ/ETM]

연결 어미에 이어서 전성 어미가 올 경우 통합해서 전성어미로 처리한다.

예 어느 쪽에 더 비중을 두느냐는 것이 [두/VV+느냐는/ETM]

25) 접두사(XPN)

초기의 세종코퍼스에서는 33개의 접두사를 선정하여 처리하였다. 그러나 '물결 21' 코퍼스에서는 어휘 분석에 초점을 두기 위해 '제(第)'를 제외한 모든 접두사를 모두 후행 명사와 통합하여 처리한다.

일부 예외적인 상황에 대한 처리는 다음의 세부사항을 따른다.

'제(第)'는 통합하지 않고 '관형사(MM)'으로 처리한다.

예 제삼의 물결 [제/MM+삼/NR+의/JKG]

기호 등의 개입으로 분리된 접두사는 그대로 처리한다.

예 준(準)월드컵 [준/XPN+(/SS+準/SH+)/SS+월드컵/NNG]

친YS인사들의 [친/XPN+YS/SL+인사/NNG+들/XSN+의/JKG]

『표준국어대사전』에서 접사로 분류되어 있지 않더라도 '방(訪)'과 같이 생산성이 있는 형태소는 전체를 통합하여 처리한다. 이는 사전 등재 여부와는 무관하다.

예 방한(訪韓) [방한/NNG](사전 등재)

방일(訪日) [방일/NNG](사전 미등재)

26) 명사파생접미사(XSN)

명사파생접미사는 명사나 다른 어근에 후행하여 그것이 명사의 기능을 수행할 수 있도록 만들어 주는 의존 형태이다. 그러나 명사파생접미사는 연구자에 따라 그 목록이 다르며, 실제로도 구분이 애매모호한 경우가 많다. 여기서는 접미사의 생산성과 접미사를 제외한 형태의 독립성을 기준으로 다음의 형태만을 접미사로 분석하였다.

번 호	접미사 목록	예 문	분석 결과 예시
01	들	사람들	사람/NNG+들/XSN
02	씩	조금씩	조금/NNG+씩/XSN
03	째	3일째	3/SN+일/NNB+째/XSN
04	쯤	지금쯤	지금/NNG+쯤/XSN
05	께	30분께	30/SN+분/NNB+께/XSN
06	짜리	10원짜리	10/SN+원/NNB+짜리/XSN
07	끼리	우리들끼리	우리/NP+들/XSN+끼리/XSN
08	네	김씨네	김/NNP+씨/NNB+네/XSN
09	들이	15kg들이	15/SN+kg/SW+들이/XSN
10	꼴	한 명꼴	한/MM+명03/NNB+꼴/XSN
11	여(餘)	4천여만	4/SN+천/NR+여/XSN+만/NR
12	당(當)	m^3당	m^3/SW+당/XSN
13	대(臺)	50%대	50/SN+%/SW+대/XSN
14	분(分)	4인분	4/SN+인/NNG+분/XSN
15	경(頃)	5일경	5/SN+일/NNB+경/XSN
16	가(街)	종로3가	종로/NNP+3/SN+가/XSN

명사파생접미사 '-들'의 분석

명사파생접미사인 '-들'은 그 분포가 매우 다양하여 일부에서는 이를 보조사와 접미사로 나누어 분석하기도 한다. 그러나 본 분석에서는 이들을 모두 명사파생접미사로 처리한다. '먹고들'의 '-들'도 선행성분이 어미이긴 하나, 일치하는 대상은 선행하는 명사로 해석할 수도 있기 때문이다.

예 사람들이 우리 집에 왔다. [사람/NNG+들/XSN]

그들은 밥을 먹고들 싶었다. [먹/VV+고/EM+들/XSN]

'-님'은 다음과 같이 세 가지의 분석 중의성을 가지므로 주의해서 분석한다.

① '임'의 의미로 쓰인 경우에는 보통명사로 분석한다.

예 님과 이별하다. [님/NNG+과/JKB]

② 사람의 '이름'이나 '성' 뒤에서 쓰인 경우에는 의존명사로 분석한다.

예 김철수님께서 오셨습니다. [김철수/NNP+님/NNB+께서/JKS]

③ 그 외의 경우는 모두 명사파생접미사로 쓰인 것이므로 선행 명사와 통합해서 분석한다.

예 과장님이 부르십니다. [과장님/NNG+이/JKS]

27) 동사 파생접미사(XSV)

동사 파생접미사는 어기 또는 어근에 붙어서 그것을 동사로 만들어 주는 기능을 갖는 접미사이다. 여기서는 그러한 접미사 중 현재 생산성을 가지고 쓰이는 것만을 인정하여 분석한다.

번 호	접미사 목록	원어절	분석 결과 예시
01	-당하	아군이 공격당하는 데에는 이유가 있다.	공격/NNG+당하/XSV+는/ETM
02	-되	아침식사가 이미 준비되어 있었다.	준비/NNG+되/XSV+어/EM
03	-시키	강아지를 운동시키려고 공원에 나갔다.	운동/NNG+시키/XSV+려고/EM
04	-하	외국에서 공부하는 일은 쉽지 않다.	공부/NNG+하/XSV+는/ETM

28) 형용사 파생접미사(XSA)

형용사 파생접미사는 어기나 어근에 붙어서 그것을 형용사로 파생시키는 접미사이다. 여기서는 형용사 파생접미사 가운데 공시적으로 생산성을 가지는 다음의 형태만을 분석해 내기로 한다. 단 '-답'의 경우에는 어휘화하여 분포가 달라진 '정답다, 참답다, 아름답다, 꽃답다'에서는 '-답'을 분석하지 않고 통합형을 형용사로 처리한다.

번호	접미사 목록	원어절	분석 결과 예시
01	-답	사람이 사람답게 행동해야 사람이지	사람/NNG+답/XSA+게/EM
02	-되	자식된 도리로 어떻게 그런 짓을	자식/NNG+되/XSA+ㄴ/ETM
03	-롭	어려운 일일수록 슬기롭게 대처하라.	슬기/NNG+롭/XSA+게/EM
04	-스럽	그녀의 사랑스러운 표정을 보거라.	사랑/NNG+스럽/XSA+ㄴ/ETM
05	-하	사장은 만족한 표정을 지었다.	만족/NNG+하/XSA+ㄴ/ETM

형용사 파생 접미사 '-하'의 분석

어근 단위를 인정하지 않기 때문에 어근과 결합한 '-하'는 분리해서 분석할 필요가 없다. 단지 어근이 보조사에 의해 분리된 경우에 한해서만 '-하'를 접미사로 분석한다. 물론 선행성분이 일반명사와 같이 자립할 수 있는 단위일 때에는 분석하는 것이 당연하다.

예 멍청한 표정을 짓지 말아라.	[멍청하/VA+ㄴ/ETM]
말하는 게 멍청은 하더라.	[멍청__01/NNG+은/JX][하/XSA+더라/EM+./SF]
만족할 만한 성과를 보였다.	[만족/NNG+하/XSA+ㄹ/ETM]

'만하'의 분석

『표준국어대사전』에 따라, 초기 세종코퍼스에서 접미사로만 분석하던 '만하'는 '만'을 보조사, '하'를 동사로 분석한다. '만하'는 '만/NNB+하/XSA'로 분석되는 경우도 있으므로 주의해야 한다.

예 철수만한 인재가 없다	[철수/NNP+만/JX+하/VV+ㄴ/ETM]
이 음식은 먹을 만하다.	[만/NNB+하/XSA+다/EM+./SF]

3. 태거 학습용 코퍼스의 구축

1) SJ-RIKS 코퍼스

'물결 21'을 위한 자동 태거를 개발하기 위해서는 학습용 코퍼스를 구축하는 과정이 필요하다. 특히 KMAT는 규칙뿐 아니라 문맥을 이용한 통계 기반 모형을 채택하고 있기 때문에 태거의 분석 성공률을 높이기 위해서는 확률적으로 충분히 의미가 있는 기구축된 학습용 자료가 필수적이다.

이를 위해 '물결 21'에서는 21세기 세종계획에서 구축한 형태-의미 분석 코퍼스(세종 형태의미 코퍼스)를 가공하고, 수정 · 보완한 학습용 코퍼스를 구축하였다.[10] 이 과정에서 세종코퍼스의 분석 지침 일부를 변경하였으며, 분석 오류도 일부 수정하였다. 세종코퍼스로부터 SJ-RIKS 코퍼스로의 변환 과정 개요는 다음 그림과 같다.

〈그림 10〉 세종코퍼스에서 SJ-RIKS 코퍼스로의 변환 과정

이렇게 구축된 태거 학습을 위한 SJ-RIKS 코퍼스는 모두 428개의 텍스트로, 전체 14,496,744 어절 로 구성되어 있다. 이 규모는 기존에 21

10 이 때 개발된 학습용 코퍼스는 'SJ-RIKS Corpus'로 약칭하기로 한다. 'SJ'는 세종Sejong 코퍼스에서 가져온 것이고, 'RIKS'는 고려대학교 민족문화연구원의 영문 이름(Research Institute of Korean Studies)을 따온 것이다.

세기 세종계획의 균형코퍼스로 배포된 것보다 40만 어절 정도가 축소된 것이다. 균형코퍼스에 포함된 일부 텍스트는 고어나 방언이 지나치게 많이 포함되어 있어 태거가 학습하기에는 비효율적이라고 판단되었기 때문이다.[11] 배제된 텍스트의 목록은 다음과 같다.

〈표 25〉 학습 코퍼스 선정에서 배제된 텍스트 목록

Filename	Genre 1	Genre 2	Title	Author	Publisher	Extent	Pub_da
BKDO0275.txt	책	총류	계몽사학생백과사전(CD판)	계몽사 편집부	계몽사	31,450	1994
BKDO0276.txt	책	총류	계몽사학생백과사전(CD판)	계몽사 편집부	계몽사	24,893	1994
BKDO0277.txt	책	총류	계몽사학생백과사전(CD판)	계몽사 편집부	계몽사	25,183	1994
BKDO0278.txt	책	총류	계몽사학생백과사전(CD판)	계몽사 편집부	계몽사	34,312	1994
BKHO0100.txt	책	총류	과천향토사	과천문화원	과천문화원	132,376	1994
BKHO0109.txt	책	인문	한국민속의 세계 2권	고려대 민족문화연구원	고려대 민족문화연구원	92,639	2001
BKHO0372.txt	책	인문	한국민속의 세계 1권	고려대 민족문화연구원	고려대 민족문화연구원	61,967	2001
						402,820	

2) 태거 학습용 샘플 신문 코퍼스

SJ-RIKS 코퍼스는 전체 규모와 정확성 면에서 태거 학습용 코퍼스로는 부족함이 없다. 그러나 대규모의 신문 텍스트로 구성된 '물결 21' 코

11 SJ-RIKS 코퍼스의 장르별 텍스트 목록은 부록을 참조할 것.

퍼스를 더욱 정확하게 태깅하기 위해서는 신문 텍스트의 비중이 다소 낮다는 한계가 있다. SJ-RIKS 코퍼스에서 신문 텍스트는 3,428,306 어절로서 전체 텍스트의 약 23%만을 차지하고 있기 때문이다. 또한 대부분의 신문 기사가 일부 2000년대 초반 기사를 제외하고는 대부분이 90년대 기사라는 점도 고려할 필요가 있다.

따라서 우리는 자동 형태소 분석기의 분석 성공률을 높이기 위해 '태거 학습용 샘플 신문 코퍼스'를 약 300만 어절 규모로 추가로 구축하였다. 이 코퍼스는 2000년~2009년 4개 신문사 전체 뉴스 중에서 임의(ramdom)로 샘플링한 기사로, 연도별 기사 수와 어절 수는 다음과 같다.

〈표 26〉 태거 학습용 샘플 신문 코퍼스의 구성

연 도	기사 수	어절 수
2000년	1,080	185,988
2001년	990	169,961
2002년	1,320	251,243
2003년	1,320	270,791
2004년	1,500	297,880
2005년	1,350	274,312
2006년	1,440	336,645
2007년	1,620	374,656
2008년	1,890	435,497
2009년	1,890	496,010
합 계	14,400	3,092,983

4. 자동 태깅

1) 자동 형태 분석 도구의 필요성

신문 기사 텍스트로부터 정밀한 어휘 사용 양상을 밝히기 위해서는 원전 기사에 언어학적 정보를 주석(tagging)하는 작업을 수행할 필요가 있다. 이를테면, '가는'과 같은 어절이 있을 경우 이 어절에 형태 분석 정보를 주석하지 않으면 이 어절이 동사 '가다'의 활용형인지, 형용사 '가늘다'의 활용형인지 알 수 없게 된다.[12] 특히 한국어는 교착어로서 조사나 어미 같은 문법 형태소가 부착되어, 하나 이상의 형태소가 결합하여 하나의 어절을 이룬다. 또한 이러한 결합의 양상이 매우 생산적이어서 텍스트에서 나타날 수 있는 어절의 종류는 거의 무한하므로 모든 가능한 어절의 형태를 저장할 수 없다. 따라서 단순히 어절 단위의 통계로는 어휘의 정확한 사용 양상을 밝히는 데 한계가 있다.

결과적으로 국어의 어절에서 조사나 어미 등의 문법 형태들을 적절히 분리해 내고 남은 어휘 항목에 대해 적절한 품사 표지를 부착하는 과정이 요구된다. 또한 이 과정에서 분석 대상인 원어절의 문맥 정보 등을 참고하여 정확한 분석 결과를 주석할 수 있어야 한다. 특히 대규모의 어절에 품사 정보를 올바로 부착하기 위해서는 사람의 개입을 최소화한 자동적인 처리 방법을 마련해야 한다.

---

12 물론 '가는'이라는 어절은 일반명사 '가'와 보조사 '는'이 결합한 것일 수도 있다.

2) 자동 형태 분석 방법

자동 형태 분석은 분석 대상 어절의 가능한 모든 형태소를 분석해내는 형태소 분석 단계와 분석된 형태소 분석 결과에 대해 문맥 정보를 참조하여 올바른 분석만을 선택하는 태깅 단계로 이루어져 있다.

예 구름에 달 가듯이 가는 나그네

1단계 : 형태소 분석 단계

① 가/VV(일반동사)+는/ETM(관형사형어미)

② 가/VX(보조용언)+는/ETM(관형사형어미)

③ 가늘/VA(형용사)+는/ETM(관형사형어미)

④ 갈/VV(일반동사)+는/ETM(관형사형어미)

⑤ 가/NNG(일반명사)+는/JX(보조사)

2단계 : 태깅 단계

① 가/VV(일반동사)+는/ETM(관형사형어미)

즉, 분석 대상인 어절인 '가는'의 경우 형태소 분석 단계에서는 이 어절이 가지는 모든 형태소 분석 결과를 출력하고, 태깅 단계에서 이 어절이 분포한 앞뒤의 어절과 공기 확률 등을 토대로 ①의 결과를 선택하는 것이다.[13]

대규모 신문 기사에 언어학적 정보를 주석하기 위해 민족문화연구원에서는 확률과 문맥 정보를 참조하여 자동으로 품사 정보를 주석하는 형태 분석 도구를 개발하였다(KMAT, Korean Morphological Analyzer and Tagger).

KMAT는 규칙을 최소화하고 문맥과 확률 정보를 최대한 활용하여 구현된 형태소 분석 도구로서 태거 학습용 코퍼스에 크게 의존하는 방식이다. 이 도구는 리눅스 기반으로 구동되며 분석 속도와 정확도 등에서 우수한 결과를 보여주었다. 자체적인 성능 평가에서 KMAT의 분석 성공률은 98%를 상회하는 것으로 보고되었다.[14]

5. 후처리와 분석 성공률

1) 오류 검출과 수정[15]

자동 형태 분석 도구의 분석 결과가 98%를 상회한다고 할지라도 품사 주석의 대상이 되는 코퍼스의 규모가 커지면 그에 따라 오류의 출현 횟수도 증가하게 된다. 즉 백만 어절 규모의 코퍼스에서 2%의 오류라면 2만 어절 수준에 머무르지만 1억 어절 이상의 대규모 코퍼스라면 분석 오류는 2백만 어절에 이르는 무시할 수 없는 수준에 도달한다. 특히 이러한 분석 오류는 골고루 균형있게 분포한다기보다는 특정한 텍

13 형태소 분석 단계와 태깅 단계를 단순히 '형태소 분석'이나 '태깅'으로 통합하여 부르기도 한다. 본고에서도 형태소 분석이라고 하면 대체로 '태깅'을 말하는 것이다.

14 표본 검사에 의한 성능 평가라는 한계가 있으나 이러한 분석 성공률은 한국어 어절의 다양성을 고려할 때 매우 높은 것이라 할 수 있다. 분석 성공률과 관련한 자세한 논의는 4장 5절을 참조할 것.

15 오류 검출과 수정 과정에 대한 보다 자세한 논의는 김일환 외(2010.6)를 참조할 것.

스트 장르, 신어, 고유명사 등에 집중적으로 분포하기 때문에 체감으로 느끼는 분석 오류는 더욱 심각하게 받아들여질 수 있다.

이를 위해 우리는 다음과 같은 오류 검출 단계와 수정 과정을 도입하여 분석의 정확률을 높이고자 시도하였다.

오류 검출 단계 및 수정 도구

가. 형식 오류 수정(형식 오류 검출 도구)

나. 원어절-분석어절 불일치 오류 수정(원어절-분석 어절 대응 관계 추출 도구)

다. 분석 중의성 어절 오류 수정(어절 및 형태소의 분석 중의성 추출 도구)

라. 코드 변환 결과에 의한 오류 수정(코드 변환 대응 도구)

마. 형태 통사 규칙에 의한 오류 수정(형태 통사 규칙 처리 도구)

바. 통계 결과 검토에 의한 오류 수정(형태소 빈도 통계 추출 도구)

이 과정을 통해서 분석 결과의 오류를 크게 줄일 수 있게 되어 결과적으로 형태 분석의 정확률을 제고할 수 있었다.

2) 사전 정보의 확장

일반명사 중 신어나 고유명사 가운데에는 형태소 분석 도구의 사전에 등재되지 않은 대상들이 포함될 수 있어 이들을 목록화해서 분석 도구에 반영할 필요가 있다. 특히 고유명사는 새로운 유형이 계속해서 출현하기 때문에 고유명사 사전을 지속적으로 확장, 보완해야 한다. 고유명사 중 인명과 지명에서 이러한 양상은 더욱 두드러진다. 더구나 신문이라는 텍스트의 속성상 외국의 지명이나 인명, 도시명 등이 빈번히 사용된다는 점을 고려할 때 이러한 보완 작업은 분석 결과의 정확성을 확보하기 위해 반드시 수반되어야 한다. 이 연구에서는 1차로 33,559개의 인명, 지명 등의 고유명사 목록을 추가로 구축하여 이를 형태 분석 단계에서 처리할 수 있도록 하였다.

3) 분석 성공률

'물결 21' 형태분석 코퍼스는 자동 형태소 분석 도구를 이용하여 1차로 태깅을 한 후 오류 검출과 수정 과정을 거침으로써 높은 분석 성공률을 확보할 수 있도록 설계되었다. 그러나 신문이라는 텍스트의 특성상 신어와 고유명사의 유형과 출현 빈도가 높다는 점에서 완벽한 형태분석 태깅을 하는 것은 현실적으로 쉬운 일이 아니다. 끊임없이 오류 여부를 탐색하고 발견된 오류를 수정하는 과정을 거치는 것만이 현재로서는 최선의 방법으로 보인다.

자동 태깅과 후처리 과정을 통해 구축된 '물결 21' 형태분석 코퍼스의 분석 성공률은 97.4%를 상회하는 것으로 밝혀졌다. 그 과정을 정리해서 보이면 다음과 같다.

분석 대상 샘플 선정 → 자동 태깅 → 오류 판정 → 오류 유형 분석 및 정확률 계산

분석 대상 샘플은 전체 코퍼스(2000~2011) 중 임의로 36,000어절을 신문사별, 주제별로 추출하여 선정하였다. 샘플별 분포와 분석 정확률은 다음과 같다.

〈표 27〉 분석 정확률 성능 평가 결과

줄번호	주 제		오류어절/전체어절	분석 정확률(%)
0001~3000	조 선	정치	63/3,000	97.9
3001~6000		국제	98/3,000	96.9
6001~9000		경제	43/3,000	98.5
9001~12000	동 아	사회	131/3,000	95.6
12001~15000		문화	58/3,000	98.0
15001~18000		스포츠	72/3,000	97.6
18001~21000	한겨레	정치	99/3,000	96.7
21001~24000		지역	85/3,000	97.1
24001~27000		사람들	60/3,000	98.0
27001~30000	중 앙	과학	96/3,000	96.8
30001~33000		사설	63/3,000	97.9
33001~36000		오피니언	49/3,000	98.3
전 체			917/36,000	97.4

한편 오류로 나타난 분석 결과는 다음과 같이 유형에 따라 분류해 볼 수 있는데 이를 형태 분석 도구의 성능을 향상시키는 데 활용할 수 있다.

〈표 28〉 오류 유형과 수정 결과

오류 유형	원어절	분석 오류	수정 결과
일음절 오류	현 회장	현/MM 회장/NNG	현/NNP 회장/NNG
	전 대통령	전/NNG	전/MM
	이번달 말	말/NNG	말/NNB
	양국 간	가/VV+ㄴ/ETM	간/NNB
	이틀 내	나/NP+의/JKG	내/NNB
	한 달 전	하/VV+ㄴ/ETM	한/MM
	직원을 상대로 한	한/MM	하/VV+ㄴ/ETM
	올 해 말	오/VX+ㄹ/ETM	올/NNG
	18.6도	도/JX, 도/NNG	도/NNB
1음절 간 통합 오류	3200여억	3200/SN 여억/NR	3200/SN+여/XSN+억/NR
	2000여점	2000/SN+여점/NNG	2000/SN+여/XSN+점/NNG
	1874호가 시행된 후	1874/SN+호가/NNG	1874/SN+호/NNG+가/JKS
	21일부로 해제하겠다고	21/SN+일부/NNG+로/JKB	21/SN+일/NNB+부/XSN+로/JKB
	자로(子路)편의 글귀	자로/NNP+(/SS+子路/SH+)/SS+편의/NNG	자로/NNP+(/SS+子路/SH+)/SS+편/NNB+의/JKG
	상위 3개사로의 집중	3/SN+개/NNB+사로/NNG+의/JKG	3/SN+개/NNB+사/NNG+로/JKB+의/JKG
	행정고시 23회로	23/SN+회로/NNG	23/SN+회/NNG+로/JKB
	목숨 명(命)자로	명/NNB+(/SS+命/SH+)/SS+자로/NNP	명/NNB+(/SS+命/SH+)/SS+자/NNG+로/JKB
	L자의	L/SL+자의/NNG	L/SL+자/NNG+의/JKG
	10승 10패로	10/SN+패로/NNP	10/SN+패/NNB+로/JKB
일반명사 오류(NNG를 NNP로 분석한 오류)	국회	국회/NNP	국회/NNG
	윈도	윈도/NNP	윈도/NNG
	왕	왕/NNP	왕/NNG
	유리	유리/NNP	유리/NNG

오류 유형	원어절	분석 오류	수정 결과
명사 분리 오류(NNG를 분리하여 분석한 오류)	비리경영인	비리경영/NNG+이/VCP+ㄴ/ETM	비리경영인/NNG
	이면	이/VCP+면/EM	이면/NNG
	강·온	오/VV+ㄴ/ETM	온/NNG
	사고	사/VV+고/EM	사고/NNG
	중개국이다	중/NNB+개국/NNB	중개국/NNG
	수도	수/NNB+도/JX	수도/NNG
	정치전략가	정치전략/NNG+가/JKS	정치전략가/NNG
	창업가	창업/NNG+가/JKS	창업가/NNG
	남아	남/VV+아/EM	남아/NNG
	점등을	점/NNG+등/NNB	점등/NNG
	타종식을	타/MM+종식/NNG	타종식/NNG
	보기	보/VV+기/ETN	보기/NNG
	판박이다	판박/NNG+이/VCP	판박이/NNG
	구세주다	구세/NNG+주/VX	구세주/NNG
	싸울아비의	싸우/VV+ㄹ/ETM+아비/NNG	싸울아비/NNG
	명인	명/NNB+이/VCP+ㄴ/ETM	명인/NNG
명사통합형 오류	이스라엘군	이스라엘군/NNP	이스라엘군/NNG
	남미국가	남미국가/NNP	남미/NNP+국가/NNG
	중국음식	중국음식/NNP	중국/NNP+음식/NNG
	임시국회	임시국회/NNP	임시/NNG+국회/NNG
	자명공주	자명공주/NNG	자명공주/NNP
	폭스채널	폭스채널/NNG	폭스채널/NNP
인용격조사 오류	했다"고	고/EM	고/JKQ
	추세"라고	이/VCP+라고/EM	라고/JKQ
	것"이라고	이/VCP+라고/E	이라고/JKQ
명사형 전성어미 오류	바지를 다리기는	다리기/NNG	다리/VV+기/ETN
	별따기네요	별/NNG+따기/VV	별/NNG+따/VV+기/ETN

오류 유형	원어절	분석 오류	수정 결과
기타 오류	김모(49)	김모/NNP	김/NNP+모/NP
	나는 여검사다	여검사다/NNG	여검사/NNG+이/VCP+다/EM
	무면허운전자	무면허운전/NNG+자/NNB	무면허/NNG+운전자/NNG
	신아무개양	신/NNP+아무/NP+개양/NNG	신/NNP+아무개/NP+양/NNB
	1년 만인 지난해	만인/NNG	만/JX+이/VCP+ㄴ/ETM
	꼼꼼히 재고	재고/NNG	재/VV+고/EM
	뒷심 세진 갈매기	세진/NNP	세/VA+어/EM+지/VX+ㄴ/ETM
	대목 노리다 쇠고랑	노리다/NNP	노리/VV+다/EM
	잰 왜 자꾸	잰/NA	재/NP+ㄴ/JX
	만들고 오라	오라/IC	오/VV+라/EM
	1000억원 적은 수준	적/NNB+은/JX	적/VA+은/ETM
	귀막은 한나라 ~의	귀막/NNG+은/JX	귀/NNG+막/VV+은/ETM

5장 | 활용도구

'물결 21' 코퍼스를 활용하기 위해서는 연구 목적에 부합하는 기능이 구현된 도구가 필수적이다. 특히 '물결 21' 코퍼스의 규모가 엄청난 규모임을 감안할 때 분석 도구는 대규모 데이터를 입력으로 받아서 얼마나 빠른 시간 안에 사용자의 요구를 처리해 줄 수 있느냐가 중요한 관건이 된다.

우리는 기본적으로 다음의 세 가지 도구를 먼저 개발하였다. 이들은 '물결 21' 코퍼스를 활용하기 위한 기본적인 도구에 해당되며, 모두 웹 기반으로 실현된다는 장점이 있다.

1. 용례 검색 도구

용례를 검색하는 도구는 코퍼스 활용에 있어 가장 기본적인 도구에 해당된다. 용례 검색 도구의 실행 화면은 다음과 같다.

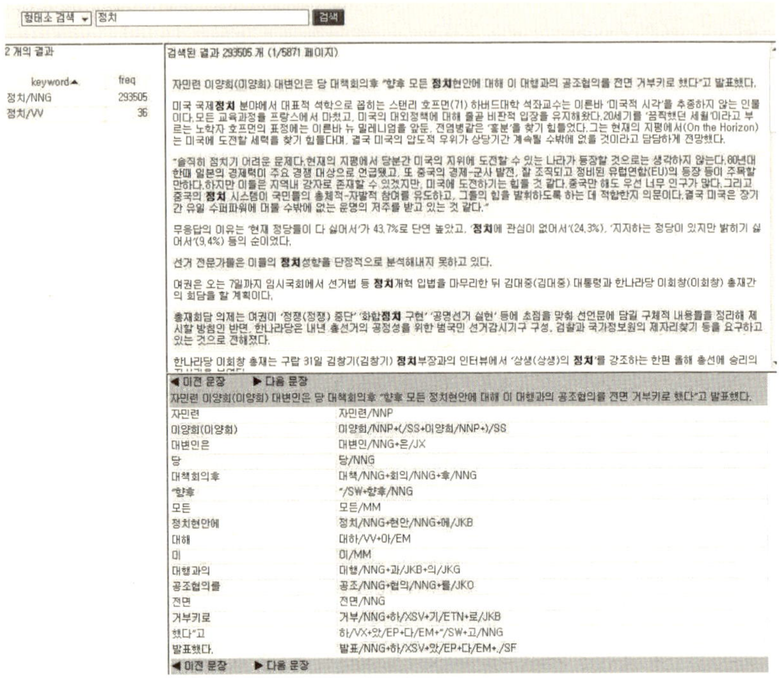

위 그림에서 확인할 수 있듯이 용례 검색 도구는 크게 검색창, 형태 분석창, 용례창, 문맥창으로 구성되어 있으며, 용례창에서 해당 문장을 클릭하면 그 문장의 출처와 형태 분석 결과를 문맥창에서 모두 확인할 수 있다.

2. 공기어 검색 도구

공기어는 특정한 단어와 특정 범위에서 함께 출현하는 단어를 말하는데, 보통 문장이나 문단 내를 범위로 하는 경우가 일반적이다. 공기어 정보는 단순히 단어의 빈도만으로는 추측할 수 없는 여러 정보를 포함하기 때문에 대상어의 사용 양상을 파악하는 데 중요한 정보를 제공해 준다.

공기어 검색 도구는 12년치 전체를 대상으로 결과를 보여주는 '공기어 검색 도구(전체)'와 연도별로 결과를 제시해 주는 '공기어 검색 도구(연도별)'로 나누어 구현되었다. 또한 문맥범위, 연도별, 주제별로 공기어를 검색할 수 있는 옵션을 두어 사용자가 연구 목적에 맞게 선택할 수 있도록 설계하였다. 문맥범위는 '표제, 문장, 문장(5품사), 문단, 본문'으로 나누었는데 '문장'은 문장 내의 모든 명사를 대상으로 한 것이며, '문장(5품사)'는 문장 내의 5가지 품사를 모두 포함한다. 이때 5품사는 일반명사, 고유명사, 동사, 형용사, 부사를 뜻한다. 또한 주제별 분류는 〈T21class〉로 구별된 12가지 주제 분류를 말한다. 이들이 실제 구현된 화면을 보이면 다음과 같다.

가. 전체 공기어 검색 도구

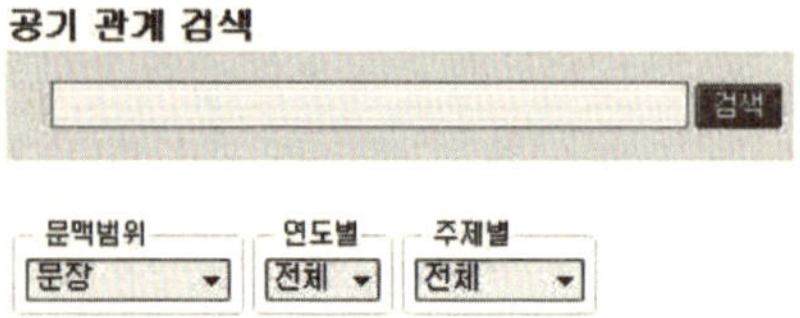

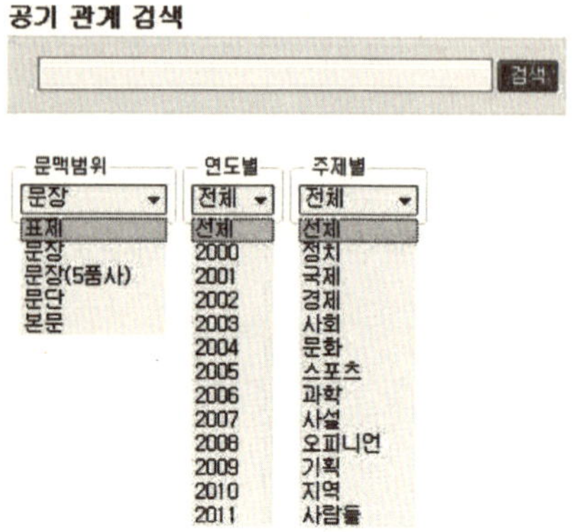

※ 편집예시

초기화면	선택 가능 사항
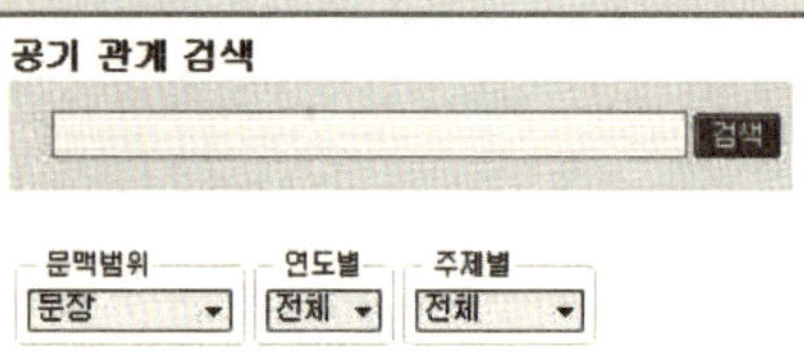	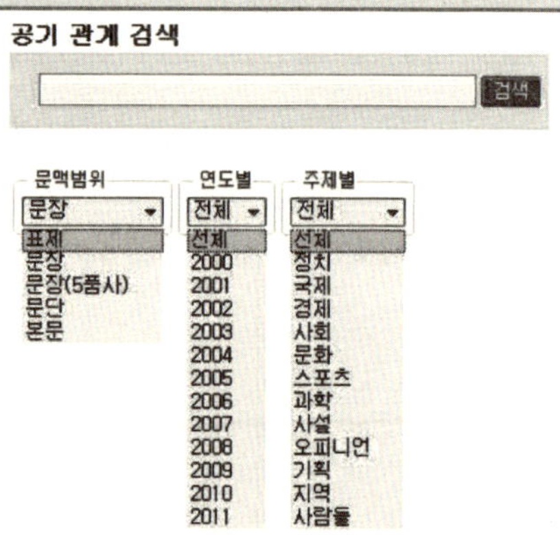

공기 관계 검색

정치 [검색]

문맥범위: 문장(5품사) | 연도별: 2011 | 주제별: 전체

"정치"에 대한 1개의 검색 결과 처리시간 (0.0024101734161377초)

N/정치 (마우스 우측 버튼을 누르고 "다른 이름으로 저장"하세요.)

3698 개의 결과 중 상위 2000 개만 보여줍니다.

순번	w1	fw1	w2	fw2	fw1w2	mi	t-score▾	lmi	ps	chi_square
1	N/정치	13531	N/경제	22532	1209	4.404	31.659	5324.952	4949.795	1515719.031
2	N/정치	13531	N/사회	25429	962	3.9	27.079	3752.013	3602.339	849769.216
3	N/정치	13531	N/국민	27693	847	3.594	24.534	3043.695	2991.631	604571.008
4	N/정치	13531	V/하	367223	3025	1.701	22.936	5145.339	6716.13	577742.03
5	N/정치	13531	N/대통령	57032	908	2.652	21.044	2407.635	2614.262	336529.926
6	N/정치	13531	N/정당	5651	484	5.079	20.766	2458.279	2207.894	969095.715
7	N/정치	13531	A/안	45289	768	2.743	19.865	2106.321	2259.638	303268.375
8	N/정치	13531	V/대하	159195	1457	1.853	18.142	2699.625	3388.277	309292.804
9	N/정치	13531	J/아니	114567	1151	1.987	17.709	2287.447	2783.967	268393.886
10	N/정치	13531	N/선거	14293	432	3.576	17.482	1544.997	1520.712	304692.465
11	N/정치	13531	N/대표	61966	780	2.313	17.273	1803.872	2062.491	228241.078
12	N/정치	13531	P/안철수	3920	328	5.045	17.071	1654.901	1488.606	641579.188
13	N/정치	13531	N/정치인	5807	318	4.434	16.269	1409.955	1308.411	406873.383
14	N/정치	13531	N/지도자	5262	306	4.521	16.048	1383.276	1277.423	415803.066
15	N/정치	13531	N/문화	13755	378	3.439	16.045	1299.976	1294.651	242335.524
16	N/정치	13531	P/한나라당	30450	497	2.687	15.734	1335.669	1443.296	188850.02
17	N/정치	13531	N/현실	10454	338	3.674	15.654	1241.686	1212.6	255060.624
18	N/정치	13531	N/대선	9627	327	3.745	15.527	1224.547	1189.266	259269.387
19	N/정치	13531	N/원장	12738	352	3.447	15.501	1213.378	1207.555	226925.997
20	N/정치	13531	N/출선	8820	311	3.799	15.233	1181.403	1142.702	255998.807
21	N/정치	13531	N/종교	3375	262	4.937	15.185	1293.564	1169.427	475425.146

공기 관계 검색

정치 [검색]

문맥범위: 문장(5품사) | 연도별: 전체 | 주제별: 경제

"정치"에 대한 1개의 검색 결과 처리시간 (0.055815935134888초)

N/정치 (마우스 우측 버튼을 누르고 "다른 이름으로 저장"하세요.)

1545 개의 결과

순번	w1	fw1	w2	fw2	fw1w2	mi	t-score▼	lmi	ps	chi_square
1	N/정치	3889	N/경제	79862	1186	5.171	32.361	6133.087	5407.904	2219035.992
2	N/정치	3889	N/사회	15998	385	5.868	18.891	2259.057	1941.371	1167648.246
3	N/정치	3889	N/불안	16978	246	5.136	14.715	1263.384	1115.648	449005.407
4	N/정치	3889	N/사회적	8918	225	5.936	14.467	1335.566	1145.198	715419.504
5	N/정치	3889	N/경제적	6599	207	6.25	13.977	1293.755	1098.661	818421.74
6	N/정치	3889	N/문제	84352	326	3.229	13.87	1052.707	1047.647	158255.498
7	N/정치	3889	N/대통령	23267	210	4.453	13.053	935.092	852.981	238607.274
8	N/정치	3889	N/문화	13358	162	4.879	11.788	790.399	705.87	247434.718
9	N/정치	3889	P/한국	177649	370	2.337	10.961	864.794	960.311	96474.593
10	N/정치	3889	N/논리	4026	121	6.188	10.672	748.785	637.036	458352.585
11	N/정치	3889	N/정책	35187	170	3.551	10.62	603.705	584.267	103240.065
12	N/정치	3889	N/지도자	1458	113	7.555	10.507	853.712	701.963	1104180.663
13	N/정치	3889	N/안정	19588	141	4.126	10.396	581.828	540.818	127713.387
14	N/정치	3889	N/상황	65596	203	2.909	10.123	590.443	607.261	78826.564
15	N/정치	3889	N/분야	48578	173	3.111	9.844	538.235	541.812	77354.874
16	N/정치	3889	N/선거	3495	97	6.073	9.531	589.12	502.957	339296.617
17	N/정치	3889	N/개혁	7245	101	5.08	9.404	513.081	454.152	177355.599
18	N/정치	3889	N/국가	32666	137	3.347	9.204	458.553	451.468	72186.929
19	N/정치	3889	N/정치권	3028	86	6.107	8.981	525.175	447.904	307843.168
20	N/정치	3889	N/외교	866	79	7.79	8.801	615.42	503.63	908635.936
21	N/정치	3889	N/대선	3191	83	5.98	8.797	496.325	424.981	272079.433

나. 연도별 공기어 검색 도구

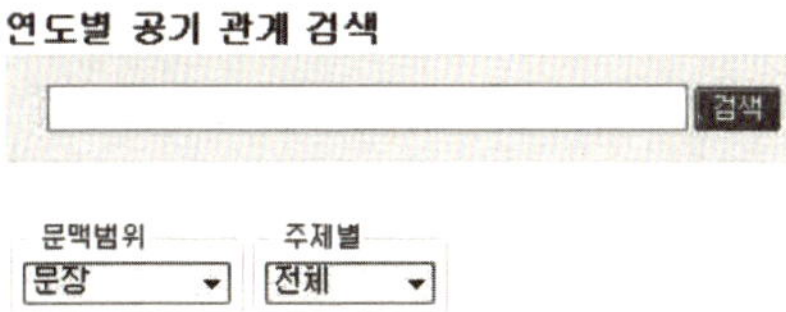

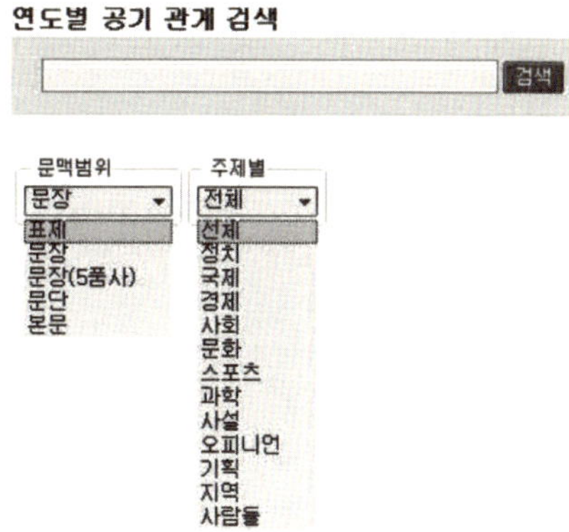

※ 편집예시

초기화면	선택 가능 사항
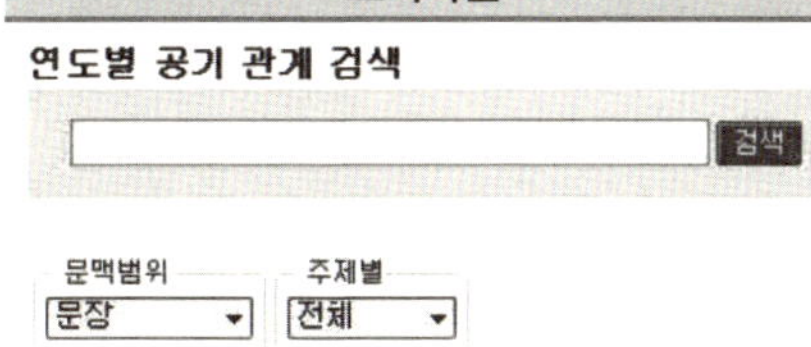	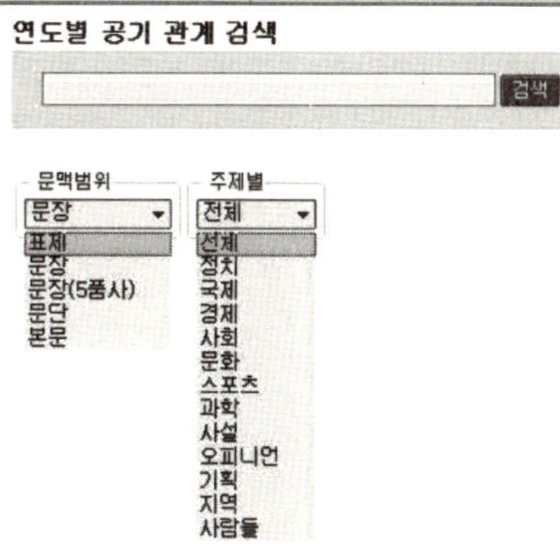

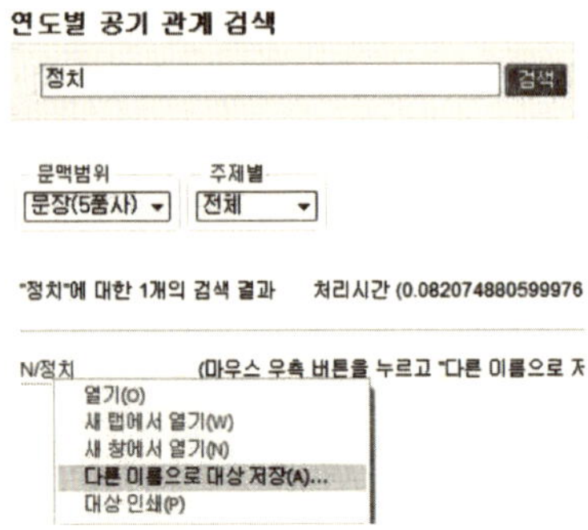

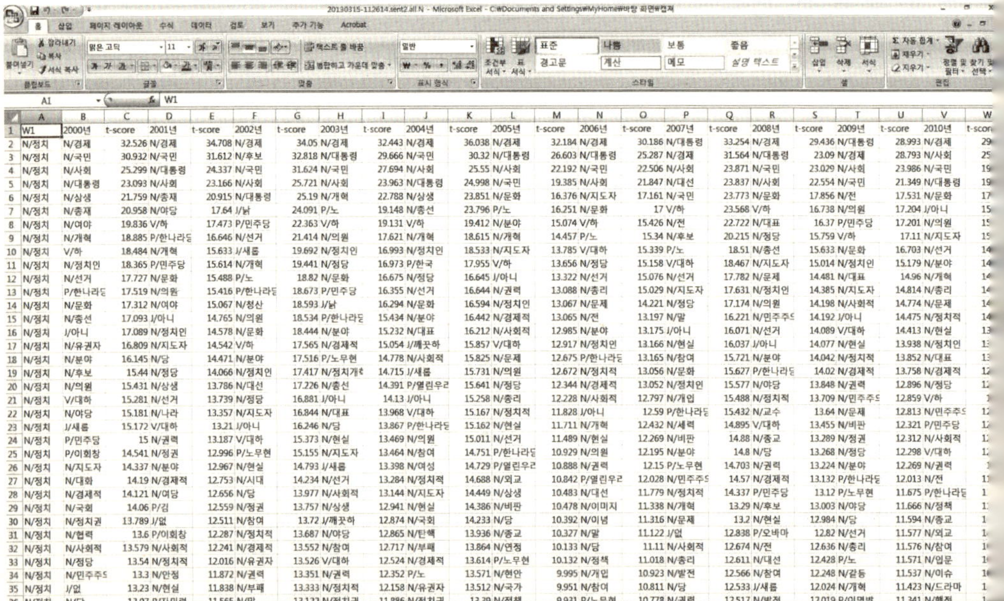

이와 같은 '전체 공기어 검색 도구'와 '연도별 공기어 검색 도구'는 최근 많은 관심을 받고 있는 대상어와 공기어 네트워크나 의미 운율 분석 등의 연구에 활용된다.

3. 빈도 차트

빈도 차트는 연도별로 단어의 빈도 변화가 진행되는 양상을 시각화해서 보여주는 도구이다. 대상이 되는 단어의 연도별 출현 빈도와 상대 빈도를 제시해 줌으로써 단어의 연도별 사용 양상을 쉽게 시각적으로 파악할 수 있도록 설계되었다.

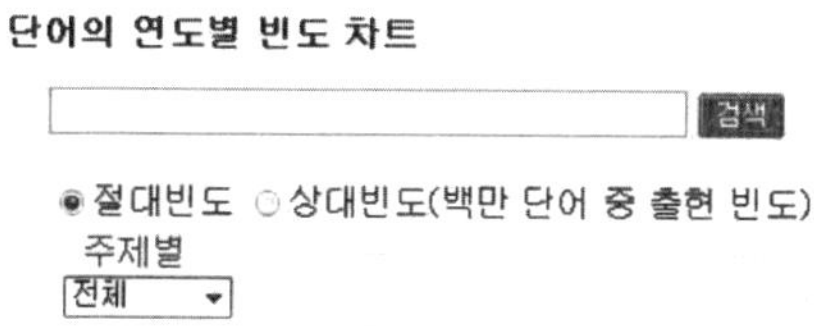

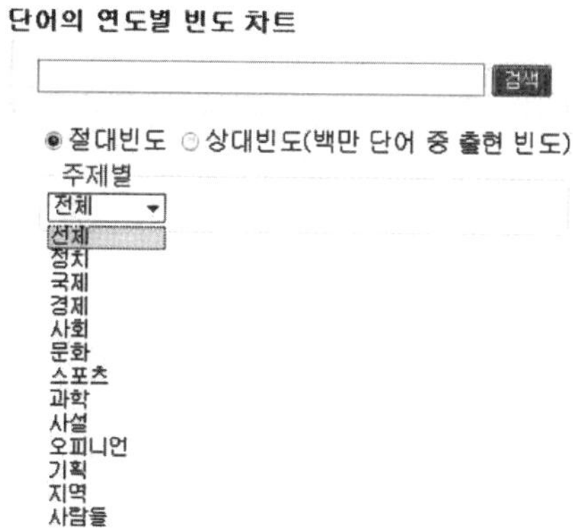

※ 편집예시

초기화면	선택 가능 사항
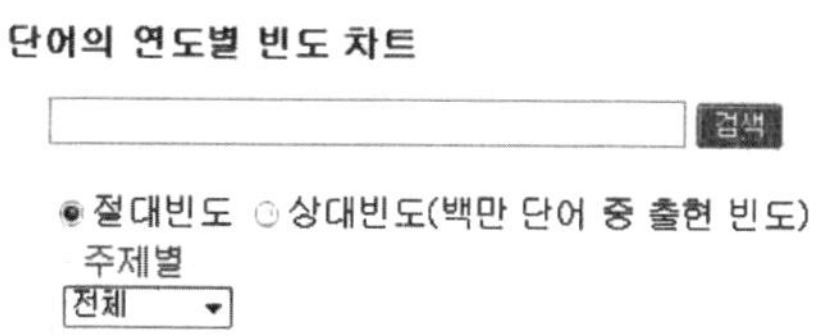	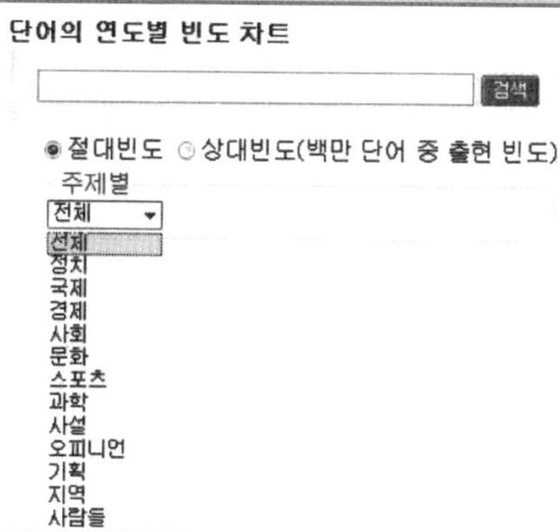

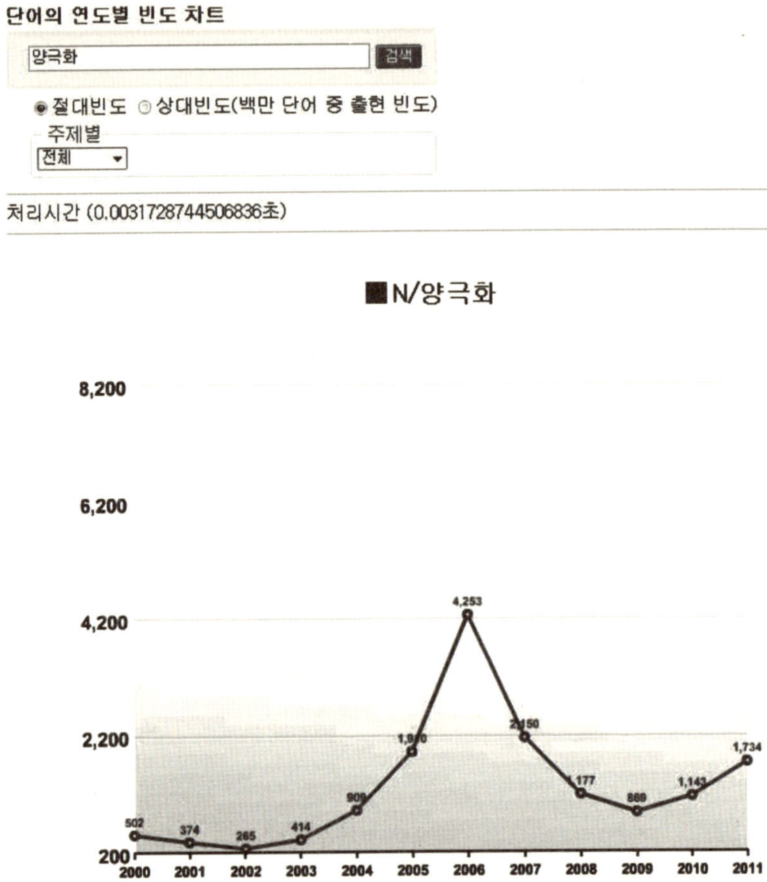
단어의 연도별 빈도 차트
양극화
검색
절대빈도
상대빈도(백만 단어 중 출현 빈도)
주제별
전체
처리시간 (0.0031728744506836초)
N/양극화
8,200
6,200
4,200
2,200
200
502
374
265
414
909
4,253
1,177
869
1,143
1,734
2000
2001
2002
2003
2004
2005
2006
2007
2008
2009
2010
2011

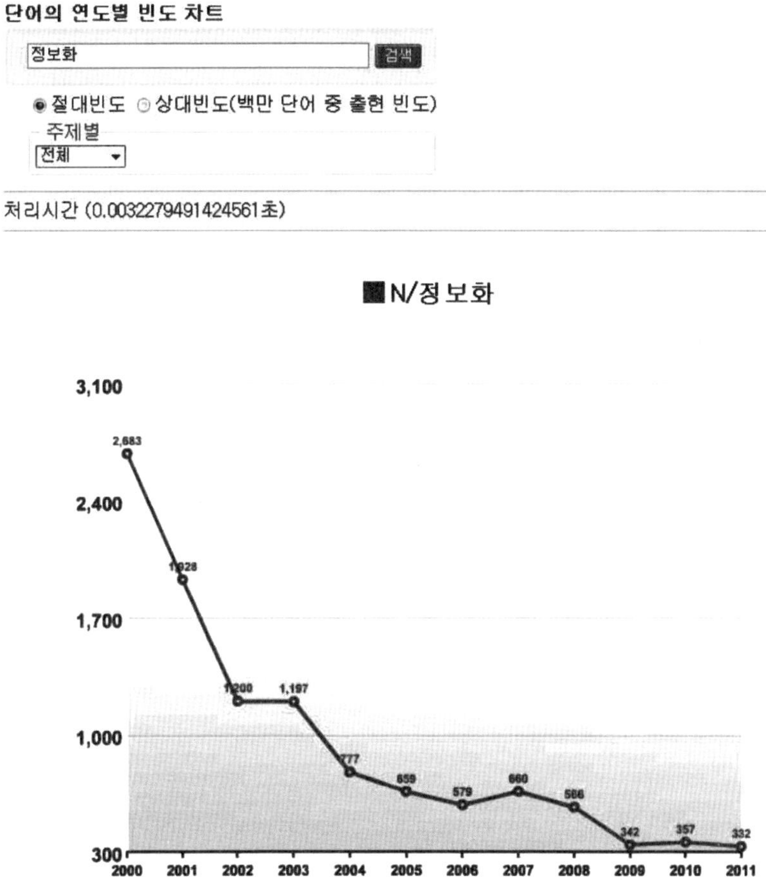
단어의 연도별 빈도 차트
정보화
검색
절대빈도 상대빈도(백만 단어 중 출현 빈도)
주제별
전체
처리시간 (0.0032279491424561초)
N/정보화
3,100
2,400
1,700
1,000
300
2,683
1,928
1,200
1,197
777
659
579
660
586
342
357
332
2000
2001
2002
2003
2004
2005
2006
2007
2008
2009
2010
2011

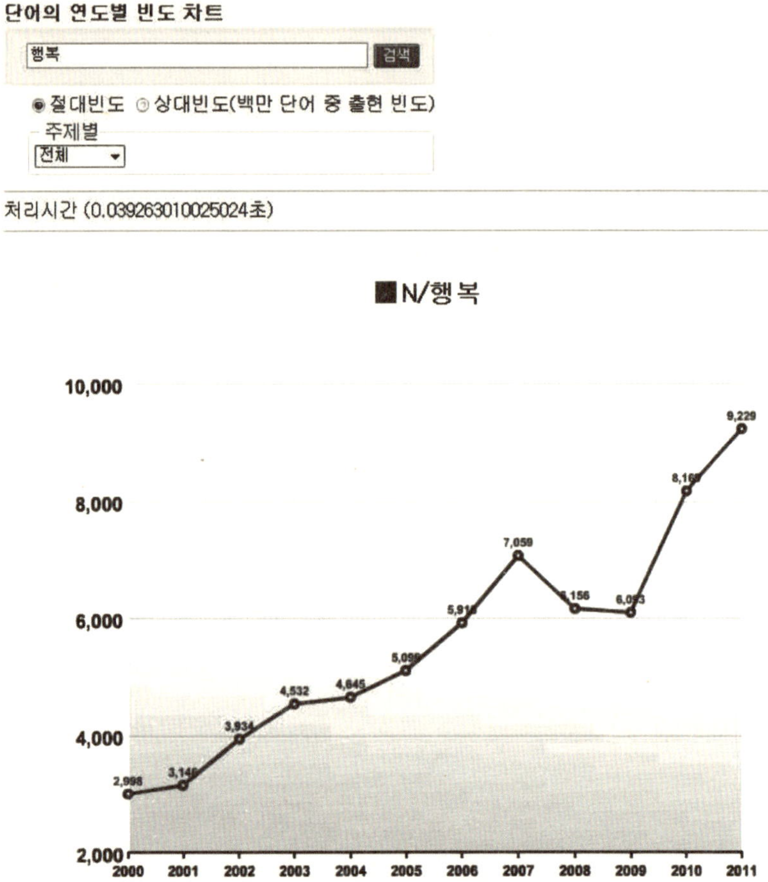
단어의 연도별 빈도 차트
행복
검색
절대빈도
상대빈도(백만 단어 중 출현 빈도)
주제별
전체
처리시간 (0.039263010025024초)
N/행복
10,000
8,000
6,000
4,000
2,000
2,998
3,146
3,934
4,532
4,645
5,096
5,91
7,059
,156
6,0
8,16
9,229
2000
2001
2002
2003
2004
2005
2006
2007
2008
2009
2010
2011

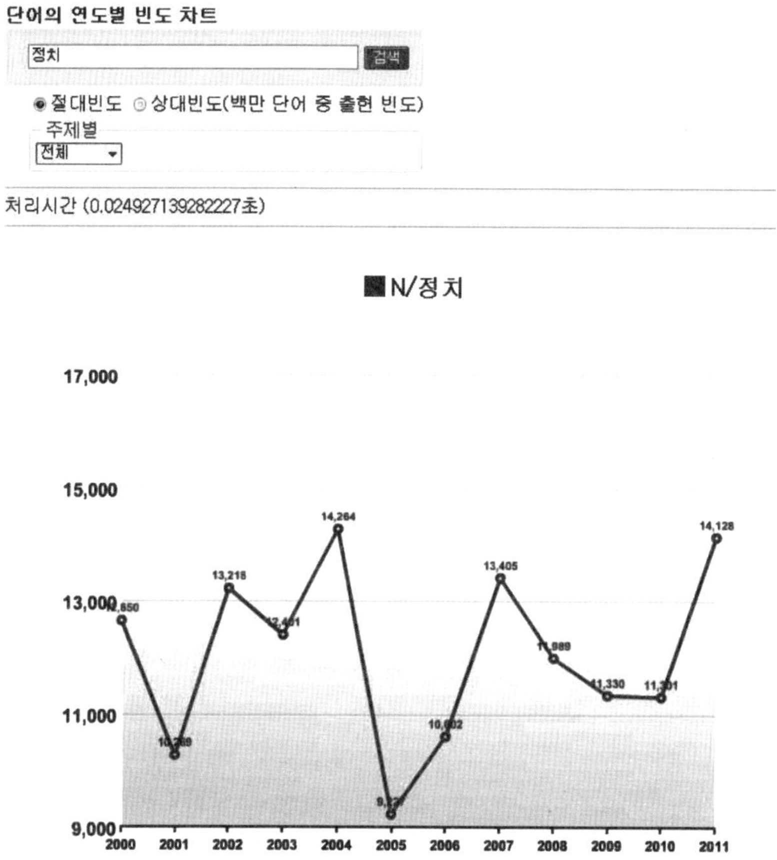

이렇게 구현된 연도별 빈도 차트를 통해 특정 단어의 연도별 사용 양상을 가시적으로 파악할 수 있다. 또한 단어 빈도 변화의 연도별 추이를 바탕으로 사회적 이슈나 관심사의 변화를 거시적으로 살펴보는 것도 가능하다.

참고문헌

강범모 · 김홍규, 『한국어 사용 빈도』, 태학사, 2009.

김명기 · 최진순, 『뉴스의 혁명, NewsML』, 박문각, 2007.

김용학, 『사회 연결망 분석』, 박영사, 2007.

김홍규 외, 『21세기 세종계획 국어 기초자료 구축 학술용역 과제보고서』, 문화관광부, 1998~2007

손동원, 『사회 네트워크 분석』, 경문사, 2002.

윤영수 · 채승병, 『복잡계개론』, 삼성경제연구소, 2005.

이동훈 · 김원용, 『프레임은 어떻게 사회를 움직이는가』, 삼성경제연구소, 2012.

한국 NewsML 포럼, 『뉴스코드 가이드북』, 한국언론재단, 2008.

바라바시, 강병남 · 김기훈 역, 『링크－21세기를 지배하는 네트워크 과학』, 동아시아, 2002.

강범모, 「공기 명사에 기초한 의미/개념 연관성의 네트워크 구성」, 『한국어의미학』 32, 한국어의미학회, 2010.

강범모 · 김홍규, 「명사 빈도의 변화, 사회적 관심의 트렌드－물결 21 코퍼스(2000~2009)」, 『언어학』 61, 한국언어학회, 2011.

김일환, 「어근적 단어의 형태·통사론」, 『한국어학』 11, 한국어학회, 2000.

______, 「형태 분석 말모둠과 명사류의 처리 문제」, 『한국어학』 17, 한국어학회, 2002.

______, 「말뭉치 규모와 텍스트 유형에 따른 명사류의 사용 양상」, 『동양학』 43, 단국대 동양학연구소, 2008.

______, 「공기어 네트워크의 변화 양상－〈가족〉과 〈친구〉를 중심으로」, 『한말연구』 29, 한말연구학회, 2011.

김일환 · 강범모 · 김홍규, 「공기어를 이용한 사회 문제에 대한 관심의 추이 분석－2000~2009년 신문기사를 중심으로」, 『인문학연구』 21, 경희대 인문학연구원, 2012.

김일환 · 이도길 · 강범모, 「SJ-RIKS Corpus－세종 형태의미 분석 코퍼스를 넘어서」, 『민족문화연구』 52, 고려대 민족문화연구원, 2010.

____________________, 「공기 관계 네트워크를 이용한 감정명사의 사용 양상 분석」, 『한국어학』 49, 한국어학회, 2010.

김일환 · 이도길, 「대규모 신문 기사의 자동 키워드 추출과 분석–t-점수를 이용하여」, 『한국어학』 53, 한국어학회, 2011.
김일환 · 이도길 · 정유진, 「역대 총선별 '선거' 관련어의 변화 양상」, 『민족문화연구』 56, 고려대 민족문화연구원, 2012.
김일환 · 이승연, 「형용사 유의어의 공기어 네트워크와 활용–'안타깝다'류의 형용사를 중심으로」, 『언어정보』 14, 고려대 언어정보연구소, 2012.
김일환 · 정유진, 「공기어 네트워크와 사회 계층에 대한 관심의 트렌드」, 『한국사전학』 18, 한국사전학회, 2011.
김혜영 · 강범모, 「신문 사설의 어휘적 특징–2009년 신문 코퍼스에 기초한 키워드 연구」, 『담화와 인지』 18.3, 담화 · 인지언어학회, 2011.
김혜영 · 이도길 · 강범모, 「사건명사의 공기어 네트워크 구성과 분석」, 『한국어의미학』 32, 한국어의미학회, 2011.
도재학 · 강범모, 「관련어 네트워크를 활용한 유의어 분석–"책, 서적, 도서"를 중심으로」, 『한국어 의미학』 37, 한국어의미학회, 2012.
민 영, 「한국 언론의 정치 광고 보도 경향–14~16대 대통령 선거를 중심으로」, 『한국언론학보』 49-2, 한국언론정보학, 2005.
신우봉 · 김일환 · 김홍규, 「신문 텍스트에서 나타나는 공간명사의 사용 양상과 네트워크 분석」, 『텍스트언어학』 29, 텍스트언어학회, 2010.
이병주 외, 「레이코프와 존슨의 은유 개념을 통한 프레임 분석」, 『한국언론정보학보』 39, 한국언론정보학회, 2007.
이영제 · 강범모, 「정치 관련 신문 언어의 변화 양상–키워드와 명사 관련어를 통해 본 2000~2009년의 변화 양상」, 『언어과학』 19, 한국언어과학회, 2012
이영제 · 김홍규 · 강범모, 「사회적 가치와 관련된 명사의 사용 양상과 네트워크 분석」, 『한국어 의미학』 44-3, 한국어의미학회, 2011.
임홍빈 외, 「한국어 정보처리를 위한 어절 부석 표지의 표준화 연구」, 『21세기 세종계획 국어 기초자료 구축 학술용역 과제보고서』, 문화관광부, 1998.
정유진 · 강범모, 「친족명사의 공기어 양상과 네트워크 분석」, 『언어학』 19-2, 대한언어학회, 2011.
____________, 「신문 기사 속의 직업명사와 관련어」, 『언어학』 20-2, 대한언어학회, 2012.

Baayen, R. H., *Analyzing Linguistic Data—A Practical Introduction to Statistics Using R*, Cambridge : Cambridge University Press, 2008.

Gries, S. T., *Statistics for Linguistics with R—a Practical Introduction*, Berline : Mouton de Gruyter, 2009.

Leech, G., P. Rayson, and Wilson A., *Word Frequencies in Written and Spoken English—based on British National Corpus*, London : Longman, 2001.

Scott, M. and Tribble, C., *Textual Patterns—Key Words and Corpus Analysis in Language Education*, Amsterdam : John Bejamins Pub Company, 2006.

Teubert, W. and Krishnamurthy, R. (eds.), *Corpus Linguistics—Critical Concepts in Linguistics*, London : Routledge, 2007.

Baroni, M. and S. Evert, "Statistical Methods for, Corpus Exploitation", in Lüdelinging and Kytö (eds.), *Corpus Linguistics—An International Handbook*, Vol.2, Berlin : Walter de Gruyter, 2009.

Hilpert, M. and Gries, S. T., "Assessing Frequency Changes in Multistage Diachronic Corpora : Applications for Historical Corpus Linguistics and the Study of Language Change," in *Literary and Linguistic Computing* 34-4, 2000.

Mair, C., "Corpora and the Study of Recent Change in Language," in Lüdelinging and Kytö (eds.), *Corpus Linguistics—An International Handbook*, Vol.2, Berlin : Walter de Gruyter, 2009.

Michel, J.-b. (et. Al.), "Quantitative Analysis of Culture Using Millions of Digitized Books," in *Science 331*, 2011.

Moisl, H., "Exploratory Multivariate Analysis", in Lüdelinging and Kytö (eds.), *Corpus Linguistics—An International Handbook*, Vol.2, Berlin : Walter de Gruyter, 2009.

Stubbs, M., "Three Concepts of Keywords," in Marina Bondi and Mike Scott (eds.), *Keyness in Texts,* Philadelphia : John Benjamins, 2010.

부록 : 태거 학습용 코퍼스(SJ-RIKS 코퍼스)의 장르별 텍스트 구성 목록

Filename	Genre1	Genre2	Title	Author	Publisher	어절	출판년도
BKAA0001.txt	신문	생활,과학	조선일보 생활(93)	조선일보사	조선일보사	19,335	1993
BKAA0002.txt	신문	경제	조선일보 경제(90)	조선일보사	조선일보사	46,994	1990
BKAA0003.txt	신문	기타	조선일보 기타, 해설(연재90)	조선일보사	조선일보사	5,207	1990
BKAA0004.txt	신문	사설	조선일보 사설(91)	조선일보사	조선일보사	22,758	1991
BKAA0005.txt	신문	칼럼	조선일보 칼럼(90)	조선일보사	조선일보사	38,966	1990
BKAA0006.txt	신문	사설	조선일보 사설(92)	조선일보사	조선일보사	22,182	1992
BKAA0007.txt	신문	경제	조선일보 경제(93)	조선일보사	조선일보사	19,064	1993
BKAA0008.txt	신문	경제	조선일보 경제(93)	조선일보사	조선일보사	1,141	1993
BKAA0009.txt	신문	문화	조선일보 문화(93)	조선일보사	조선일보사	13,051	1993
BKAA0010.txt	신문	문화	조선일보 문화(93)	조선일보사	조선일보사	13,962	1993
BKAA0011.txt	신문	생활,과학	조선일보 생활(93)	조선일보사	조선일보사	47,893	1993
BKAA0012.txt	신문	생활.과학	조선일보 과학(93)	조선일보사	조선일보사	2,075	1993
BKAA0013.txt	신문	생활,과학	조선일보 과학(93)	조선일보사	조선일보사	70,571	1993
BKAA0014.txt	신문	사회	조선일보 외신(93)	조선일보사	조선일보사	28,086	1993
BKAA0015.txt	신문	기타,해설(통계)	조선일보기타, 해설(통계,93)	조선일보사	조선일보사	5,371	1993

Filename	Genre1	Genre2	Title	Author	Publisher	어절	출판년도
BKAA0016.txt	신문	기타	조선일보기타, 인물(93)	조선일보사	조선일보사	4,812	1993
BKAA0154.txt	신문	사설	조선일보 사설(99)	조선일보사	조선일보사	30,819	1999
BKAA0155.txt	신문	경제	조선일보 2001년, 경제	조선일보사	조선일보사	60,022	2001
BKAA0156.txt	신문	사회	조선일보 2001년, 사회	조선일보사	조선일보사	48,426	2001
BKAA0157.txt	신문	문화	조선일보 2002년, 문화	조선일보사	조선일보사	28,699	2002
BKAA0158.txt	신문	오피니언	조선일보 2002년, 오피니언	조선일보사	조선일보사	31,251	2002
BKAA0159.txt	신문	경제	조선일보 2002년, 경제	조선일보사	조선일보사	29,196	2002
BKAA0160.txt	신문	스포츠	조선일보 2003년, 스포츠	조선일보사	조선일보사	43,883	2003
BKAA0161.txt	신문	사설	조선일보 사설(90)	조선일보사	조선일보사	25,860	1990
BKAA0162.txt	신문	칼럼	조선일보 칼럼(90)	조선일보사	조선일보사	48,360	1990
BKAA0163.txt	신문	종합	조선일보 종합(91)	조선일보사	조선일보사	63,454	1991
BKAA0164.txt	신문	사회	조선일보 사회(91)	조선일보사	조선일보사	9,078	1991
BKAA0165.txt	신문	사회	조선일보 사회(92)	조선일보사	조선일보사	64,359	1992
BKAB0017.txt	신문	사설	동아일보 사설(90)	동아일보사	동아일보사	25,562	1990
BKAB0018.txt	신문	사설	동아일보 사설(91)	동아일보사	동아일보사	24,795	1991
BKAB0019.txt	신문	사회	동아일보 사회(91)	동아일보사	동아일보사	6,419	1991
BKAB0020.txt	신문	종합	동아일보 종합(92)	동아일보사	동아일보사	12,226	1992

Filename	Genre1	Genre2	Title	Author	Publisher	어절	출판년도
BKAB0021.txt	신문	기타,해설	동아일보 기타, 해설(92)	동아일보사	동아일보사	14,902	1992
BKAB0022.txt	신문	생활	동아일보 생활(93)	동아일보사	동아일보사	1,079	1993
BKAB0023.txt	신문	칼럼	동아일보 칼럼(93)	동아일보사	동아일보사	40,022	1993
BKAB0166.txt	신문	외신	동아일보 외신(92)	동아일보사	동아일보사	10,739	1992
BKAB0167.txt	신문	과학	동아일보 과학(92)	동아일보사	동아일보사	1,521	1992
BKAB0168.txt	신문	사설	동아일보 사설(99)	동아일보사	동아일보사	21,223	1999
BKAB0169.txt	신문	문화	동아일보 2002년, 문화	동아일보사	동아일보사	30,899	2002
BKAB0170.txt	신문	경제	동아일보 2002년, 경제	동아일보사	동아일보사	26,685	2002
BKAB0171.txt	신문	사회	동아일보 2002년, 사회	동아일보사	동아일보사	23,719	2002
BKAB0172.txt	신문	오피니언	동아일보 2002년, 오피니언	동아일보사	동아일보사	23,284	2002
BKAB0173.txt	신문	문화	동아일보 2003년, 문화	동아일보사	동아일보사	90,848	2003
BKAB0174.txt	신문	국제외신	동아일보 2003년 , 국제외신	동아일보사	동아일보사	51,043	2003
BKAB0175.txt	신문	사설	동아일보 사설(92)	동아일보사	동아일보사	3,320	1992
BKAB0176.txt	신문	칼럼	동아일보 칼럼(90)	동아일보사	동아일보사	42,329	1990
BKAB0177.txt	신문	칼럼	동아일보 칼럼(91)	동아일보사	동아일보사	43,853	1991
BKAB0178.txt	신문	외신	동아일보 외신(91)	동아일보사	동아일보사	30,210	1991
BKAB0179.txt	신문	경제	동아일보 경제(92)	동아일보사	동아일보사	61,995	1992

Filename	Genre1	Genre2	Title	Author	Publisher	어절	출판년도
BKAB0180.txt	신문	사회	동아일보 사회(93)	동아일보사	동아일보사	82,298	1993
BKAC0024.txt	신문	북한	한국일보 96.2 북한	한국일보사	한국일보사	4,282	1996
BKAC0025.txt	신문	사회	한국일보 96.2 사회	한국일보사	한국일보사	60,403	1996
BKAC0026.txt	신문	과학	한국일보 96.2 과학	한국일보사	한국일보사	25,189	1996
BKAC0027.txt	신문	외신	한국일보 96.2 외신	한국일보사	한국일보사	34,451	1996
BKAC0028.txt	신문	사설	한국일보 96.2 사설	한국일보사	한국일보사	15,801	1996
BKAC0029.txt	신문	사설	한국일보 96.5 사설	한국일보사	한국일보사	16,575	1996
BKAC0030.txt	신문	사설	한국일보 96.8 사설	한국일보사	한국일보사	7,534	1996
BKAC0031.txt	신문	사설	한국일보 96.11 사설	한국일보사	한국일보사	13,726	1996
BKAC0032.txt	신문	칼럼	한국일보 96.8 칼럼	한국일보사	한국일보사	19,184	1996
BKAC0033.txt	신문	칼럼	한국일보 96.11 칼럼	한국일보사	한국일보사	16,543	1996
BKAC0181.txt	신문	사설	한국일보 사설 (82.1)	한국일보사	한국일보사	20,805	1982
BKAC0182.txt	신문	사설	한국일보 사설 (82.2)	한국일보사	한국일보사	20,396	1982
BKAC0183.txt	신문	사설	한국일보 사설 (88.1)	한국일보사	한국일보사	18,707	1988
BKAC0184.txt	신문	사설	한국일보 사설 (88.2)	한국일보사	한국일보사	18,987	1988
BKAC0185.txt	신문	경제	한국일보 경제(96)	한국일보사	한국일보사	26,104	1996
BKAC0186.txt	신문	문화	한국일보 문화(96)	한국일보사	한국일보사	30,304	1996

Filename	Genre1	Genre2	Title	Author	Publisher	어절	출판년도
BKAD0034.txt	신문	사설	중앙일보사설(99)	중앙일보사	중앙일보사	29,374	1999
BKAD0035.txt	신문	북한	중앙일보 96.3 북한	중앙일보사	중앙일보사	1,849	1996
BKAD0036.txt	신문	과학	중앙일보 96.9 과학	중앙일보사	중앙일보사	31,638	1996
BKAD0037.txt	신문	매체	중앙일보 96.3 매체	중앙일보사	중앙일보사	7,416	1996
BKAD0038.txt	신문	사설	중앙일보 96.3 사설	중앙일보사	중앙일보사	14,003	1996
BKAD0039.txt	신문	사설	중앙일보 96.9 사설	중앙일보사	중앙일보사	4,612	1996
BKAD0187.txt	신문	종합	중앙일보 2002년, 종합	중앙일보사	중앙일보사	34,673	2002
BKAD0188.txt	신문	경제	중앙일보 2002년, 경제	중앙일보사	중앙일보사	29,905	2002
BKAD0189.txt	신문	생활	중앙일보 2002년, 생활	중앙일보사	중앙일보사	13,028	2002
BKAD0190.txt	신문	종합	중앙일보 2002년, 종합	중앙일보사	중앙일보사	31,698	2002
BKAD0191.txt	신문	사설	중앙일보 사설(96)	중앙일보사	중앙일보사	19,835	1996
BKAE0040.txt	신문	칼럼	한겨레신문 칼럼(92)	한겨레신문사	한겨레신문사	933	1992
BKAE0041.txt	신문	외신	한겨레신문 외신 (90)	한겨레신문사	한겨레신문사	30,745	1990
BKAE0042.txt	신문	칼럼	한겨레신문 칼럼 (91)	한겨레신문사	한겨레신문사	18,882	1991
BKAE0043.txt	신문	경제	한겨레신문 경제 (91)	한겨레신문사	한겨레신문사	3,254	1991
BKAE0044.txt	신문	기타,해설	한겨레신문 기타,해설(91)	한겨레신문사	한겨레신문사	8,682	1991
BKAE0045.txt	신문	문화	한겨레신문 문화 (92)	한겨레신문사	한겨레신문사	36,960	1992

Filename	Genre1	Genre2	Title	Author	Publisher	어절	출판년도
BKAE0046.txt	신문	사설	한겨레신문 사설 (93)	한겨레신문사	한겨레신문사	26,177	1993
BKAE0047.txt	신문	경제	한겨레신문 경제 (93)	한겨레신문사	한겨레신문사	459	1993
BKAE0048.txt	신문	사망	한겨레신문(93) 사망	한겨레신문사	한겨레신문사	771	1993
BKAE0192.txt	신문	생활	한겨레신문 생활(93.1)	한겨레신문사	한겨레신문사	30,296	1993
BKAE0193.txt	신문	생활	한겨레신문 생활(93.2)	한겨레신문사	한겨레신문사	10,280	1993
BKAE0194.txt	신문	사설	한겨레신문 사설(90)	한겨레신문사	한겨레신문사	27,790	1990
BKAE0195.txt	신문	칼럼	한겨레신문 칼럼(90)	한겨레신문사	한겨레신문사	14,922	1990
BKAE0196.txt	신문	사설	한겨레신문 사설(91)	한겨레신문사	한겨레신문사	27,377	1991
BKAE0197.txt	신문	종합	한겨레신문 종합(93)	한겨레신문사	한겨레신문사	57,348	1993
BKAE0198.txt	신문	문화	한겨레신문 문화(93)	한겨레신문사	한겨레신문사	36,649	1993
BKAE0199.txt	신문	사설	한겨레신문 사설(99)	한겨레신문사	한겨레신문사	35,240	1999
BKAE0200.txt	신문	문화	한겨레신문 2001년, 문화	한겨레신문사	한겨레신문사	52,195	2001
BKAE0201.txt	신문	종합	한겨레신문 2002년, 종합(1)	한겨레신문사	한겨레신문사	48,639	2002
BKAE0202.txt	신문	종합	한겨레신문 2002년, 종합(2)	한겨레신문사	한겨레신문사	39,991	2002
BKAE0203.txt	신문	문화	한겨레신문 2002년, 문화	한겨레신문사	한겨레신문사	23,508	2002
BKAE0204.txt	신문	방송	한겨레신문 2002년, 방송	한겨레신문사	한겨레신문사	5,612	2002
BKAE0205.txt	신문	종합	한겨레신문 2002년, 종합(3)	한겨레신문사	한겨레신문사	35,416	2002

Filename	Genre1	Genre2	Title	Author	Publisher	어절	출판년도
BKAE0206.txt	신문	사회	한겨레신문 2003년, 사회	한겨레신문사	한겨레신문사	68,458	2003
BKAE0207.txt	신문	생활여성	한겨레신문 2003년, 생활여성	한겨레신문사	한겨레신문사	51,082	2003
BKAE0208.txt	신문	사회	한겨레신문 사회(90)	한겨레신문사	한겨레신문사	63,300	1990
BKAE0209.txt	신문	경제	한겨레신문 경제(91)	한겨레신문사	한겨레신문사	19,795	1991
BKAE0210.txt	신문	칼럼	한겨레신문 칼럼(92)	한겨레신문사	한겨레신문사	36,089	1992
BKAE0211.txt	신문	생활	한겨레신문 생활(92)	한겨레신문사	한겨레신문사	72,791	1992
BKAE0212.txt	신문	칼럼	한겨레신문 칼럼(93)	한겨레신문사	한겨레신문사	34,713	1993
BKAE0213.txt	신문	과학	한겨레신문 과학(92)	한겨레신문사	한겨레신문사	7,106	1992
BKAF0049.txt	신문	해설	경향신문 96.1 해설	경향신문사	경향신문사	31,604	1996
BKAF0050.txt	신문	북한	경향신문 96.1 북한	경향신문사	경향신문사	2,129	1996
BKAF0051.txt	신문	과학	경향신문 96.1 과학	경향신문사	경향신문사	32,326	1996
BKAF0052.txt	신문	생활여성	경향신문 96.1 생활여성	경향신문사	경향신문사	26,892	1996
BKAF0053.txt	신문	과학	경향신문 96.7 과학	경향신문사	경향신문사	13,482	1996
BKAF0054.txt	신문	사설	경향신문 96.04 사설	경향신문사	경향신문사	7,981	1996
BKAF0055.txt	신문	사설	경향신문 96.7 사설	경향신문사	경향신문사	15,463	1996
BKAF0056.txt	신문	사설	경향신문 96.10 사설	경향신문사	경향신문사	15,109	1996
BKAF0214.txt	신문	종합	경향신문 종합(85)	경향신문사	경향신문사	14,590	1985

Filename	Genre1	Genre2	Title	Author	Publisher	어절	출판년도
BKAF0215.txt	신문	종합	경향신문 종합(96)	경향신문사	경향신문사	49,784	1996
BKAF0216.txt	신문	생활여성	경향신문 생활여성(96)	경향신문사	경향신문사	17,202	1996
BKAF0217.txt	신문	사설	경향신문 사설(96)	경향신문사	경향신문사	15,613	1996
BKAL0057.txt	신문	스포츠	일간스포츠(1994.9.15-1994.9.25)	일간스포츠편집부	일간스포츠	9,268	1994
BKAL0058.txt	신문	스포츠	스포츠서울 95 스포츠	서울신문사	서울신문사	11,645	1995
BKAL0059.txt	신문	스포츠	스포츠서울 98.10 야구	서울신문사	서울신문사	24,730	1998
BKAL0060.txt	신문	스포츠	스포츠서울 98.10 일반	서울신문사	서울신문사	3,777	1998
BKAL0061.txt	신문	스포츠	스포츠서울 98.10 축구	서울신문사	서울신문사	3,119	1998
BKAL0218.txt	신문	스포츠	스포츠서울 95	서울신문사	서울신문사	19,823	1995
BKAZ0219.txt	신문	기타	교수신문	교수신문편집부	교수신문사	15,529	1996
BKAZ0220.txt	신문	기타	현대불교신문	현대불교신문편집부	현대불교신문	17,138	1995
BKAZ0221.txt	신문	기타	평화신문(1)	평화신문편집부	평화방송평화신문	18,638	1996
BKAZ0222.txt	신문	기타	평화신문(2)	평화신문편집부	평화방송평화신문	19,090	1996
BKAZ0223.txt	신문	기타	평화신문(3)	평화신문편집부	평화방송평화신문	17,904	1996
BKAZ0224.txt	신문	기타	평화신문(4)	평화신문편집부	평화방송평화신문	19,142	1996
BKBA0225.txt	잡지		월간중앙 1월호	중앙일보J&P	중앙일보J&P	20,303	2000
BKBA0226.txt	잡지		월간중앙 2월호	중앙일보J&P	중앙일보J&P	17,616	2000

Filename	Genre1	Genre2	Title	Author	Publisher	어절	출판년도
BKBA0227.txt	잡지		월간중앙 4월호	중앙일보J&P	중앙일보J&P	21,473	2000
BKBA0228.txt	잡지		월간중앙 5월호	중앙일보J&P	중앙일보J&P	24,299	2000
BKBA0229.txt	잡지		월간중앙 7월호	중앙일보J&P	중앙일보J&P	23,128	2000
BKBA0230.txt	잡지		월간중앙 8월호	중앙일보J&P	중앙일보J&P	22,848	2000
BKBA0231.txt	잡지		월간중앙 9월호	중앙일보J&P	중앙일보J&P	19,177	2000
BKBA0232.txt	잡지		月刊中央	월간중앙편집국	중앙일보사	49,180	1977
BKBA0233.txt	잡지		월간조선158호	월간조선편집국	조선일보사	67,372	1993
BKBB0062.txt	잡지		뉴스피플	경향신문사편집부	경향신문사	29,359	1993
BKBB0063.txt	잡지		뉴스피플(1993.7.8-1993.11.24)	경향신문사편집부	경향신문사	38,298	1993
BKBB0064.txt	잡지		레이디경향(1994.9-1994.11)	레이디경향편집실	경향신문사	38,573	1994
BKBB0234.txt	잡지		한겨레21 1999.1.07	한겨레신문사	한겨레신문사	26,152	1999
BKBB0235.txt	잡지		주간조선 (통권1217호)	주간조선편집국	조선일보사	22,043	1992
BKBD0065.txt	잡지		레이디경향 (1994.5-1994.8)	레이디경향편집실	경향신문사	33,816	1994
BKBD0066.txt	잡지		주간경향	주간경향편집부	경향신문사	46,829	1994
BKBD0236.txt	잡지		라벨르9월호(98)	중앙일보사	중앙일보사	90,187	1998
BKBE0237.txt	잡지		금융1월호(97)	금융연합회	금융연합회	28,473	1997
BKBE0238.txt	잡지		금융2월호(97)	금융연합회	금융연합회	5,047	1997

Filename	Genre1	Genre2	Title	Author	Publisher	어절	출판년도
BKBE0239.txt	잡지		금융3월호(97)	금융연합회	금융연합회	29,870	1997
BKBE0240.txt	잡지		금융4월호(97)	금융연합회	금융연합회	31,998	1997
BKBE0241.txt	잡지		조사통계월보 1월호(98)	한국은행	한국은행	5,633	1998
BKBE0242.txt	잡지		조사통계월보 2월호(98)	한국은행	한국은행	5,128	1998
BKBE0243.txt	잡지		조사통계월보 3월호(98)	한국은행	한국은행	5,745	1998
BKBE0244.txt	잡지		조사통계월보 4월호(98)	한국은행	한국은행	13,862	1998
BKBE0245.txt	잡지		조사통계월보 5월호(98)	한국은행	한국은행	7,165	1998
BKBE0246.txt	잡지		조사통계월보 6월호(98)	한국은행	한국은행	1,137	1998
BKBE0247.txt	잡지		조사통계월보 7월호(98)	한국은행	한국은행	6,163	1998
BKBE0248.txt	잡지		조사통계월보 8월호(98)	한국은행	한국은행	9,417	1998
BKBF0249.txt	잡지		씨네21 1999.1.5	한겨레신문사	한겨레신문사	24,583	1999
BKBF0250.txt	잡지		씨네21 1999.1.12	한겨레신문사	한겨레신문사	27,802	1999
BKBF0251.txt	잡지		씨네21 1999.1.19	한겨레신문사	한겨레신문사	24,622	1999
BKBF0252.txt	잡지		씨네21 1999.2.8	한겨레신문사	한겨레신문사	25,653	1999
BKBF0253.txt	잡지		좋은생각 1999년 1월호	좋은생각	좋은생각	32,127	1999
BKBF0254.txt	잡지		좋은생각 1999년 3월호	좋은생각	좋은생각	30,370	1999
BKBF0255.txt	잡지		좋은생각 1999년 5월호	좋은생각	좋은생각	30,170	1999

Filename	Genre1	Genre2	Title	Author	Publisher	어절	출판년도
BKBF0256.txt	잡지		좋은생각 1999년 7월호	좋은생각	좋은생각	30,552	1999
BKBF0257.txt	잡지		좋은생각 1999년 10월호	좋은생각	좋은생각	31,272	1999
BKBF0258.txt	잡지		좋은생각 1999년 12월호	좋은생각	좋은생각	31,865	1999
BKBF0259.txt	잡지		좋은생각 2000년 2월호	좋은생각	좋은생각	30,690	2000
BKBF0260.txt	잡지		좋은생각 2000년 4월호	좋은생각	좋은생각	28,400	2000
BKBF0261.txt	잡지		좋은생각 2000년 6월호	좋은생각	좋은생각	30,788	2000
BKBF0262.txt	잡지		좋은생각 2000년 8월호	좋은생각	좋은생각	30,534	2000
BKBF0263.txt	잡지		좋은생각 2000년 10월호	좋은생각	좋은생각	30,472	2000
BKBF0264.txt	잡지		좋은생각 2000년 12월호	좋은생각	좋은생각	30,769	2000
BKBF0265.txt	잡지		수필공원 94봄	한국수필진흥연구회	한샘출판사	65,213	1994
BKBF0266.txt	잡지		월간에세이(1)	월간에세이편집부	월간에세이	28,299	1994
BKBF0267.txt	잡지		월간에세이(2)	월간에세이편집부	월간에세이	30,333	1994
BKBF0268.txt	잡지		씨네21167호(98)	한겨레신문사	한겨레신문사	26,674	1998
BKBF0269.txt	상상적 텍스트	소설	어떤 서울사람	구인환	문학사상사	4,986	1992
BKBF0270.txt	상상적 텍스트	소설	가깝고 먼길	김지수	월간문학	6,196	1992
BKBF0271.txt	상상적 텍스트	소설	계절풍	김춘복	한길사	3,751	1978
BKBF0272.txt	상상적 텍스트	소설	어른들을 위한 동화(3)	윤홍길	세대	4,702	1977

Filename	Genre1	Genre2	Title	Author	Publisher	어절	출판년도
BKBG0273.txt	책	자연	컴퓨터와법−마이크로소프트웨어CD	김문환	㈜정보시대	30,787	1992-1993
BKBO0067.txt	잡지		뉴스피플(1993.7-1993.8)	경향신문편집실	경향신문사	29,329	1993
BKBO0068.txt	잡지		뉴스피플(1993.7.1-1993.9.3)	경향신문편집실	경향신문사	29,664	1993
BKBZ0069.txt	잡지	교육자료	우리교육 중등용 9월호	우리교육편집부	우리교육	41,824	1994
BKBZ0070.txt	잡지	교육자료	우리교육 중등용 10월호	우리교육편집부	우리교육	65,929	1994
BKBZ0071.txt	잡지	교육자료	우리교육 초등용	우리교육편집부	우리교육	30,063	1994
BKBZ0072.txt	잡지	교육자료	우리교육 초등용 94년11월호	우리교육편집부	우리교육	54,193	1994
BKBZ0073.txt	잡지	교육자료	우리교육 중등용 95년1월호	우리교육편집부	우리교육	52,291	1995
BKBZ0074.txt	잡지	총류	여의주/젊은그대	쌍용사회부편집실	쌍용	52,939	1994
BKBZ0274.txt	잡지	교육자료	우리교육 94년12월호	우리교육편집부	우리교육	23,626	1994
BKEO0075.txt	상상적 텍스트	소설	식물들의 사생활	이승우	문학동네	49,170	2000
BKEO0076.txt	상상적 텍스트	소설	그리운 흔적	이윤기	문학사상사	30,360	2000
BKEO0077.txt	상상적 텍스트	소설	마이너리그	은희경	창작과비평사	45,072	2001
BKEO0078.txt	상상적 텍스트	소설	나비, 봄을 만나다	차현숙	문학동네	48,539	1997
BKEO0079.txt	상상적 텍스트	소설	인간문제	강경애	창작과비평사	58,446	1934
BKEO0080.txt	상상적 텍스트	소설	포구	한승원	장락	55,619	1994
BKEO0081.txt	상상적 텍스트	소설	시간속의 도적	채영주	열음사	49,736	1983

Filename	Genre1	Genre2	Title	Author	Publisher	어절	출판년도
BKEO0082.txt	상상적 텍스트	소설	하백의 딸들	송하춘	문학과지성사	57,998	1994
BKEO0083.txt	상상적 텍스트	소설	연꽃과 진흙	김성동	솔출판사	64,573	1993
BKEO0084.txt	상상적 텍스트	소설	한말씀만 하소서	박완서	솔	34,479	1994
BKEO0085.txt	상상적 텍스트	소설	슬픈시인의 바다	유홍종	장락	32,578	1994
BKEO0086.txt	상상적 텍스트	소설	통도사 가는 길	조성기	민음사	47,888	1992
BKEO0087.txt	상상적 텍스트	소설	마지막연애의 상상	이인성	솔	31,466	1992
BKEO0088.txt	상상적 텍스트	소설	해남가는 길	김영현	솔	59,128	1992
BKEO0089.txt	상상적 텍스트	소설	헐리우드키드의 생애	안정효	민족과문학사	64,318	1992
BKEO0090.txt	상상적 텍스트	소설	한평구홉의 안식	채희윤	민음사	61,956	1993
BKEO0091.txt	상상적 텍스트	소설	완전한 만남	김하기	창작과비평사	56,491	1990
BKEO0092.txt	상상적 텍스트	소설	어느 화가의 승천	안재성	새길	64,039	1992
BKEO0093.txt	상상적 텍스트	소설	숨은 사랑	정종명	동아출판사	77,504	1993
BKEO0094.txt	상상적 텍스트	소설	먼동1	홍성원	문학과지성사	60,332	1993
BKEO0095.txt	상상적 텍스트	소설	닫힌 교문을 열며	유시춘	사계절	45,777	1990
BKEO0279.txt	상상적 텍스트	소설	박완서 단편선	박완서	정보없음	56,091	1985~1991
BKEO0280.txt	상상적 텍스트	소설	영웅시대1	이문열	민음사	51,720	1984
BKEO0281.txt	상상적 텍스트	소설	춤추는 사제	이청준	장락	51,141	1979

Filename	Genre1	Genre2	Title	Author	Publisher	어절	출판년도
BKEO0282.txt	상상적 텍스트	소설	냉장고	김현영	창작과비평사	54,295	2000
BKEO0283.txt	상상적 텍스트	소설	가장 멀리 있는 나	윤후명	문학과지성사	55,582	2001
BKEO0284.txt	상상적 텍스트	소설	구렁이들의 집	최인석	문학과지성사	57,809	2001
BKEO0285.txt	상상적 텍스트	소설	당진김씨	우애령	문학과지성사	39,733	2001
BKEO0286.txt	상상적 텍스트	소설	마법성의 수호자, 나의 깨끗한 들깨	복거일	문학과지성사	50,755	2001
BKEO0287.txt	상상적 텍스트	소설	미란	윤대녕	문학과지성사	57,321	2001
BKEO0288.txt	상상적 텍스트	소설	아랑은 왜	김영하	문학과지성사	36,966	2001
BKEO0289.txt	상상적 텍스트	소설	푸른 장미를 찾아서	김태환	문학과지성사	58,499	2001
BKEO0290.txt	상상적 텍스트	소설	경성애사	이선미	영언문화사	63,641	2001
BKEO0291.txt	상상적 텍스트	소설	오디션	민해연	영언문화사	52,624	2001
BKEO0292.txt	상상적 텍스트	소설	햄릿의 연인	김지혜	영언문화사	28,818	2001
BKEO0293.txt	상상적 텍스트	소설	꽃그늘 아래	이혜경	문학과지성사	45,076	2002
BKEO0294.txt	상상적 텍스트	소설	꿈꾸는 마리오네뜨	권지예	문학과지성사	52,851	2002
BKEO0295.txt	상상적 텍스트	소설	멋진한 세상	공선옥	문학과지성사	48,221	2002
BKEO0296.txt	상상적 텍스트	소설	푸른수염의 첫번째 아내	하성란	문학과지성사	47,596	2002
BKEO0297.txt	상상적 텍스트	소설	황만근은 이렇게 말했다	성석제	문학과지성사	51,819	2002
BKEO0298.txt	상상적 텍스트	소설	33세의 팡세	김성희	문학과지성사	62,125	2002

Filename	Genre1	Genre2	Title	Author	Publisher	어절	출판년도
BKEO0299.txt	상상적 텍스트	소설	바다여,아빠를 돌려줘	김재경	문학과지성사	18,631	2002
BKEO0300.txt	상상적 텍스트	소설	묵시의 바다	윤흥길	문학사상사	55,559	1987
BKEO0301.txt	상상적 텍스트	소설	권태	마광수	문학사상사	86,518	1990
BKEO0302.txt	상상적 텍스트	소설	사랑의 이름으로	한수산	문학사상사	56,563	1996
BKEO0303.txt	상상적 텍스트	소설	펭귄의 날개	오정은	문학사상사	65,742	2002
BKEO0304.txt	상상적 텍스트	소설	사람들은 자기집에 무엇이 있는지도 모른다	이승우	문학과지성사	61,587	2001
BKEO0305.txt	상상적 텍스트	소설	세상밖으로 난 다리	신장현	문학과지성사	44,737	2001
BKEO0306.txt	상상적 텍스트	소설	우리는 만난 적이 있다	조경란	문학과지성사	43,858	2001
BKEO0307.txt	상상적 텍스트	소설	그대의 차가운 손	한강	문학과지성사	52,698	2002
BKEO0308.txt	상상적 텍스트	소설	발로자를 위하여	송영	창작과비평사	47,485	2003
BKEO0309.txt	상상적 텍스트	소설	하루에 한가지씩	김우경	문학과지성사	15,782	2002
BKEO0310.txt	상상적 텍스트	소설	(믿거나 말거나) 동물이야기	김서정	문학과지성사	5,903	2001
BKEO0311.txt	상상적 텍스트	소설	종이먹는 개로로	김주현	문학사상사	6,507	2003
BKEO0312.txt	상상적 텍스트	소설	랍스터를 먹는 시간	방현석	창작과비평사	49,853	2003
BKEO0313.txt	상상적 텍스트	소설	이상한 나라에서 온 스파이	최인석	창작과비평사	75,215	2003
BKEO0314.txt	상상적 텍스트	소설	꼭두의 사랑	이명훈	문학사상사	40,439	2004
BKEO0315.txt	상상적 텍스트	소설	날마다 축제	강영숙	창작과비평사	38,899	2004

Filename	Genre1	Genre2	Title	Author	Publisher	어절	출판년도
BKEO0316.txt	상상적 텍스트	소설	사람의 아들	이문열	민음사	22,526	1989
BKEO0319.txt	상상적 텍스트	소설	어둠의 자식들	황석영	현암사	28,020	1980
BKEO0322.txt	상상적 텍스트	소설	삼포가는 길	황석영	문학과지성사	4,344	1973
BKEO0323.txt	상상적 텍스트	소설	광장	최인훈	문학과지성사	23,861	1976
BKEO0325.txt	상상적 텍스트	소설	무진기행	김승옥	심지	6,648	1987
BKEO0326.txt	상상적 텍스트	소설	난장이가 쏘아올린 작은공	조세희	문학과지성사	10,090	1978
BKEO0327.txt	상상적 텍스트	소설	꺼삐딴리	전광용	계몽사	5,543	1986
BKEO0328.txt	상상적 텍스트	소설	고가한국단편문학 대계9권	정한숙	삼성출판사	6,281	1969
BKEO0329.txt	상상적 텍스트	소설	아름다운 그시작	유기성	삼신각	51,545	1994
BKEO0330.txt	상상적 텍스트	소설	배낭여행	정혜진	민음사	52,173	1994
BKEO0331.txt	상상적 텍스트	소설	해방전후	이태준	창작과비평사	50,356	1992
BKEO0332.txt	상상적 텍스트	소설	경마장에서 생긴 일	하일지	민음사	46,318	1993
BKEO0333.txt	상상적 텍스트	소설	살아남은 자의 슬픔	박일문	민음사	47,519	1992
BKEO0334.txt	상상적 텍스트	소설	객주5	김영주	창작과비평사	56,859	1982
BKEO0335.txt	상상적 텍스트	소설	열린사회와 그 적들	김소진	솔	57,033	1993
BKEO0336.txt	상상적 텍스트	소설	만세전	염상섭	창작과비평사	29,038	1987
BKEO0337.txt	상상적 텍스트	소설	잠자는 갈매기	엄홍섭외	한국경제 신문사	81,151	1995

Filename	Genre1	Genre2	Title	Author	Publisher	어절	출판년도
BKEO0338.txt	상상적 텍스트	소설	보이지 않는 나라	김지용	새터	64,659	1993
BKEO0339.txt	상상적 텍스트	소설	낯선 여름	구효서	정보없음	50,396	1996
BKEO0340.txt	상상적 텍스트	소설	세계문학문학선(1)	오헨리외	삼성출판사	38,187	1974
BKGO0097.txt	상상적 텍스트	소설-아동 도서	아기참새 찌꾸	곽재구	국민서관	21,678	1992
BKGO0098.txt	상상적 텍스트	소설-아동 도서	하늘 예뜬 돌도끼	손동인	창작과비평사	22,792	1989
BKGO0341.txt	상상적 텍스트	소설-아동 도서	웃음이 터지는 교실	이오덕	창작과비평사	26,449	1991
BKGO0342.txt	상상적 텍스트	소설-아동 도서	작은 그림책	송재찬	창작과비평사	20,815	1981
BKGO0343.txt	상상적 텍스트	소설	너도밤나무 나도밤나무	윤후명	민음사	17,912	1994
BKGO0344.txt	책	사회	참여로 여는 생태공동체－어느 근본주의자의 환경 넋두리	박병상	아르케	61,779	2003
BKGO0345.txt	책	체험기술	차한잔의 사상	이어령	문학사상사	59,912	2003
BKGO0346.txt	책	체험기술	두부	박완서	창작과비평사	35,283	2002
BKGO0347.txt	책	체험기술	`다영이의 이슬람여행－세계사에서 숨은그림찾기	정다영	창작과비평사	22,254	2003
BKGO0348.txt	책	체험기술	유재현의 역사문화기행－메콩의 슬픈그림자. 인도차이나	유재현	창작과비평사	50,786	2003
BKGO0349.txt	책	체험기술	현대인이 잃어버린 것들	이어령	문학사상사	42,355	2003
BKGO0350.txt	책	교육자료	이오덕의 교육일기1	이오덕	한길사	25,057	1989

Filename	Genre1	Genre2	Title	Author	Publisher	어절	출판년도
BKGO0353.txt	책	체험기술	아이를 잘만드는 여자	김영희	디자인하우스	18,648	1992
BKGO0354.txt	책	체험기술	여보게 저승갈때 뭘 가지고 가지	석용산	고려원	15,296	1993
BKGO0357.txt	책	교육자료	바닷가 아이들	권정생	창작과비평사	23,831	1988
BKGO0358.txt	책	교육자료	아름다운 고향	이주홍	창작과비평사	25,360	1980
BKGO0359.txt	책	교육자료	작은어릿광대의 꿈	손춘익	창작과비평사	25,565	1980
BKGO0360.txt	책	교육자료	고향을 지키는 아이들	박상규	창작과비평사	21,604	1981
BKGO0361.txt	책	교육자료	사슴과 사냥개	마해송	창작과비평사	21,826	1990
BKGO0362.txt	책	교육자료	똘배가 보고 온 달나라	권정생외	창작과비평사	24,995	1977
BKGO0363.txt	책	교육자료	피리부는 소년	이주홍	삼성미디어	36,055	1991
BKGO0364.txt	책	교육자료	열두컷의 낡은 필름	이영호	오늘	18,882	1991
BKHO0099.txt	책	예술론	심미적 이성의탐구	김우창	솔	76,432	1992
BKHO0101.txt	책	총류	생명	김지하	솔	70,201	1992
BKHO0102.txt	책	교육자료	이사가던 날	이오덕	창작과비평사	22,219	1991
BKHO0103.txt	책	교육자료	언어와 표현	고려대대학국어편찬실	고려대출판부	52,887	1994
BKHO0104.txt	책	체험기술	한국현대수필을 찾아서	구인환	한샘출판사	61,174	1993
BKHO0105.txt	책	인문	왜 사냐고 물으면-한샘미네르바문고2	김홍규,윤구병	한샘출판사	51,724	1993

Filename	Genre1	Genre2	Title	Author	Publisher	어절	출판년도
BKHO0106.txt	책	인문	길은 길을 따라 끝이없고—한샘미네르바문고1	김홍규,윤구병	한샘출판사	49,574	1993
BKHO0107.txt	책	인문	언어와사상—전통문화와 민족정신	고려대대학국어편찬실	고려대출판부	16,195	1994
BKHO0108.txt	책	인문	언어와 사상—언어와 문화	고려대대학국어편찬실	고려대출판부	14,322	1994
BKHO0110.txt	책	인문	읽고 떠나는 국토순례	임순덕	집문당	32,768	1994
BKHO0111.txt	책	인문	함께 걷는 이 길은—한샘미네르바문고3	김홍규,윤구병	한샘출판사	55,025	1993
BKHO0112.txt	책	사회	알기쉬운 인권지침	민주주의민족통일전국연합 인권위원회	도서출판녹두	22,103	1992
BKHO0113.txt	책	사회	대중문화의 비판적 해석	강명구	민음사	69,491	1994
BKHO0114.txt	책	사회	대중문화의 겉과속	강준만	한샘출판사	52,353	1994
BKHO0115.txt	책	사회	여성이야기 주머니	유시춘외	도서출판녹두	32,080	1993
BKHO0116.txt	책	사회	인간을 위하여 미래를 위하여	김광식	도서출판열린세상	56,165	1995
BKHO0117.txt	책	자연	이하늘 이바람 이땅—한샘미네르바문고5	권재술,성하창	한샘출판사	53,021	1993
BKHO0118.txt	책	자연	컴퓨터 이야기	조환규	창작과비평사	23,680	1992
BKHO0119.txt	책	자연	중년기건 강크리닉	이상종	도서출판장락	43,572	1994
BKHO0120.txt	책	예술론	현대문학을 보는 시각	백낙청	솔	63,267	1992
BKHO0121.txt	책	예술론	운명과 형식	김윤식	솔	71,945	1992

Filename	Genre1	Genre2	Title	Author	Publisher	어절	출판년도
BKHO0122.txt	책	예술론	고전문학 이야기 주머니	진경환 · 우응순외	도서출판녹두	43,859	1993
BKHO0123.txt	책	예술론	연극속의 세상읽기	이상우	내일을여는책	43,401	1991~1995
BKHO0124.txt	책	인문	우리학문의 길	조동일	지식산업사	61,168	1993
BKHO0125.txt	책	인문	동양철학 에세이	김교빈,이현구	동녘	41,330	1993
BKHO0126.txt	책	인문	일본인과 한국인의의식구조	김용운	한길사	46,439	1985
BKHO0127.txt	책	자연	과학혁명-근대과학의 출현과 그 배경	김영식	민음사	31,661	1984
BKHO0128.txt	책	인문	문학의 이해	이상섭	서문당	34,512	1972
BKHO0129.txt	책	체험기술	삶의결 살림의질	김원일	세계사	46,464	1993
BKHO0130.txt	책	체험기술	결혼과 성	김동길,유안진외	삼성출판사	42,156	1992
BKHO0131.txt	책	인문	인간과 사회-전통윤리와 현대풍조의 갈림길에서	김유혁	신양사	11,499	1996
BKHO0132.txt	책	사회	언론과 부정부패	정대철 · 김재범 · 김동민	집문당	15,283	1995
BKHO0133.txt	책	자연	정보교육	김광조외	박영률출판사	36,178	1997
BKHO0134.txt	책	체험기술	9시뉴스를 기다리며	신은경	김영사	46,427	1992
BKHO0135.txt	책	체험기술	뉴스를 말씀드리겠습니다, 딸꾹!	이계진	도서출판우석	46,658	1991
BKHO0136.txt	책	체험기술	안녕하십니까 MBC전국패트롤 봉두완입니다.	봉두완	성현출판사	44,598	1991

Filename	Genre1	Genre2	Title	Author	Publisher	어절	출판년도
BKHO0137.txt	책	총류	영원의뱃길 (함석헌전집19)	함석헌	한길사	38,071	1985
BKHO0138.txt	책	총류	정치와 언어	최정호	일지사	75,242	1977
BKHO0139.txt	책	교육자료	노마의 발견	어린이철학교육연구소	해냄출판사	18,595	1987
BKHO0140.txt	책	교육자료	대학의 뜻	연세교양교육위편	연세대출판부	18,107	1979
BKHO0365.txt	책	체험기술	내가 사랑한 사람 내가 사랑한 세상	곽재구	한양출판사	5,314	1993
BKHO0366.txt	책	체험기술	그사람 장욱진	김형국	김영사	5,287	1993
BKHO0367.txt	책	예술론	미학오디세이	진중권	새길	26,723	1994
BKHO0368.txt	책	총류	상식속의 상식	도널에이부리스지음/박명숙옮김	장락	31,816	1994
BKHO0369.txt	책	체험기술	네마음속의 블루진을 찢어라	김정일	새길	44,620	1994
BKHO0370.txt	책	체험기술	맏딸과 함께 춤을	최래옥	집문당	58,583	1994
BKHO0371.txt	책	체험기술	문화의 시대	김성우	민음사	55,987	1994
BKHO0373.txt	책	인문	사회를 보는 논리	김찬호	문학과지성사	40,101	2001
BKHO0374.txt	책	인문	세계관 충돌과 한말외교사	김용구	문학과지성사	72,120	2001
BKHO0375.txt	책	인문	글쓰기의 새로운 지평	이화형,유진월	박이정	51,738	2001
BKHO0376.txt	책	인문	대중화술	김양호	영언문화사	40,866	2001
BKHO0377.txt	책	인문	(퓨전시대의)새로운 문화 읽기	김성곤	문학사상사	57,176	2003

Filename	Genre1	Genre2	Title	Author	Publisher	어절	출판년도
BKHO0378.txt	책	인문	역사는 이상의 현실화 과정이다-강만길 사론집	강만길	창작과비평사	42,870	2002
BKHO0379.txt	책	사회	NGO와 현대사회-비정부, 비영리,시민사회, 자원조직의구조와 동학	박상필	아르케	58,230	2001
BKHO0380.txt	책	사회	초민족시대의 민족정체성	고부응	민족과지성사	54,797	2002
BKHO0381.txt	책	사회	글로벌 가버넌스와 NGO	주성수	아르케	39,579	2000
BKHO0382.txt	책	사회	한국의 여성환경운동-그 역사, 주체,그리고 운동유형들	문수홍	아르케	25,959	2001
BKHO0383.txt	책	사회	한국시민사회와 지식인	주성수	아르케	27,000	2002
BKHO0384.txt	책	예술론	문학의 영감이 흐르는 여울-문학평론가 문혜원의 작가탐험대담집	문혜원	문학사상사	45,941	2003
BKHO0385.txt	책	자연	의료체계와 법	이상돈	고려대출판부	40,175	2000
BKHO0386.txt	책	자연	호스피스/완화의학	최윤선	고려대출판부	21,852	2000
BKHO0387.txt	책	예술론	한국건축사	주남철	고려대출판부	69,236	2000
BKHO0388.txt	책	인문	메멘토모리, 죽음을 기억하라	김열규	궁리출판	51,526	2001
BKHO0389.txt	책	사회	벤처산업의 미래전략	김병균	북21	47,547	2001
BKHO0390.txt	책	사회	고객과 경쟁하라	박낙원	북21	40,982	2002

Filename	Genre1	Genre2	Title	Author	Publisher	어절	출판년도
BKHO0391.txt	책	자연	하리하라의 생물학카페	이은희	궁리출판	34,244	2002
BKHO0392.txt	책	예술론	발견으로서의 소설기법	송하춘	고려대출판부	53,398	2002
BKHO0393.txt	책	인문	신화속의 한국정신	이어령	문학사상사	34,719	2003
BKHO0394.txt	책	인문	이공계 대학 연구경쟁력 살리기	송충한	고려대출판부	16,252	2003
BKHO0395.txt	책	사회	여성시대에는 남자도 화장을 한다	최재천	궁리출판	25,012	2003
BKHO0396.txt	책	자연	한국식품학입문	이철호,권태완	고려대출판부	80,083	2003
BKHO0397.txt	책	자연	임상신경학-총론	이대희	고려대출판부	75,695	2003
BKHO0398.txt	책	예술론	세상에서 가장 아름다운 집	서윤영	궁리출판	34,380	2003
BKHO0399.txt	책	인문	한국어의미론	박영순	고려대출판부	42,969	2004
BKHO0400.txt	책	사회	서른다섯, 행복한 도전자들	김광주	북21	28,076	2004
BKHO0401.txt	책	자연	유전자가 세상을 바꾼다-인간배아 복제, 유전형질전환에 관한 논쟁	김훈기	궁리출판	28,509	2004
BKHO0402.txt	책	예술론	소설창작강의	전상국	문학사상사	71,236	2004
BKHO0403.txt	책	생활	야마토마치에서 만난 노인들	김동선	궁리출판	25,033	2004
BKHO0404.txt	책	사회	빅뱅경영	이재규	21세기북스	40,572	1998
BKHO0405.txt	책	사회	이재규교수의 재미있는 기업이야기	이재규	21세기북스	42,299	1999

Filename	Genre1	Genre2	Title	Author	Publisher	어절	출판년도
BKHO0406.txt	책	인문	역사와 민족	함석헌	한길사	28,840	1983
BKHO0409.txt	책	인문	심리학개론	곽기상	재동문화사	21,814	1991
BKHO0410.txt	책	사회	제3의 물결	앨빈토플러	홍신문화사	32,794	1994
BKHO0411.txt	책	생활	먼나라이웃나라	이원복	고려원미디어	29,355	1995
BKHO0412.txt	책	생활	먼나라이웃나라2	이원복	고려원미디어	6,350	1995
BKHO0413.txt	책	교육자료	창조적인 글쓰기	박은아	새길	24,971	1994
BKHO0414.txt	책	교육자료	논술의 정석	조형근	새길	46,965	1994
BKHO0415.txt	책	체험기술	이땅덩이와 밥상	천규석	창작과비평사	35,124	1993
BKHO0416.txt	책	체험기술	나, 고은	고은	민음사	43,809	1994
BKHO0417.txt	책	체험기술	발해를 찾아서	송기호	솔출판사	36,319	1993
BKHO0418.txt	책	체험기술	떠도는 배들	김상순외	한국경제 신문사	63,546	1995
BKHO0419.txt	책	인문	초월에서 포월로	김진석	솔출판사	46,475	1994
BKHO0420.txt	책	인문	한국의 사상	정용선	한샘출판사	52,455	1994
BKHO0421.txt	책	인문	한국사	강만길외	한길사	82,445	1994
BKHO0422.txt	책	인문	내머리로 생각하는 역사이야기	유시민	한샘출판사	30,324	1994
BKHO0423.txt	책	인문	한국의 복식미	김영자	민음사	42,777	1992
BKHO0424.txt	책	사회	농민이야기 주머니	조성우	도서출판녹두	41,266	1992

Filename	Genre1	Genre2	Title	Author	Publisher	어절	출판년도
BKHO0425.txt	책	사회	한국의 마케팅 사례	이두희	박영사	48,791	1993
BKHO0426.txt	책	사회	여성의 일곱가지 콤플렉스	현암사편집부	현암사	35,870	1992
BKHO0427.txt	책	사회	그러나 매춘은 없다	하은경	새길	40,546	1994
BKHO0428.txt	책	자연	곤충기	파브르	마당미디어	53,664	1994
BKHO0429.txt	책	생활	엄마 이렇게 낳아주세요	이승우	새길	34,613	1994
BKHO0430.txt	책	생활	식도락 보헤미안	손일락	새길	33,912	1995
BKHO0431.txt	책	체험기술	가을에 만난 사람	박완서	제3기획	31,003	1990
BKHO0432.txt	책	체험기술	가장 작은 것으로부터의 사랑	윤금초	신원문화사	41,553	1992
BKHO0433.txt	책	사회	한국언론의 좌표	이효성	박영률출판사	78,965	1996
BKHO0434.txt	책	예술론	강좌, 민족문학	고은외	정민	59,318	1990
BKHO0435.txt	책	체험기술	이제 여자가 되고 싶어요2	김현희	고려원	55,989	1991
BKHO0436.txt	책	체험기술	광야의 끝에서	이신범	실천문학사	60,960	1991
BKHO0437.txt	책	총류	돈의 여행	이슬기	지경사	24,098	1989
BKHO0438.txt	책	교육자료	고맙다 논리야	위기철	사계절	18,716	1992
BKHO0439.txt	책	사회	일본 경제-초일류의 현장	송희영	조선일보사	7,263	1993
BKHO0440.txt	책	자연	쉽고 재미있는 수학세계	안재구	일월서각	8,909	1990
BKHO0441.txt	책	예술론	문학과 현실의 원근법	이경호	민음사	11,598	1992

Filename	Genre1	Genre2	Title	Author	Publisher	어절	출판년도
BKHO0442.txt	책	예술론	영화사랑 영화예술 그리고 우리들의 영화이야기	안병섭	신영미디어	5,375	1993
BKIO0141.txt	비출판물	교육자료	고려대학교 교양국어작문자료 (국어교육과)	이정민외	없음	31,781	1995
BKIO0142.txt	비출판물	교육자료	고려대학교 교양국어작문 (국어국문학과)	이인희외	없음	33,225	1995
BKIO0143.txt	비출판물	교육자료	고려대학교 교양국어작문(교육학과)	이종훈외	없음	28,195	1995
BKIO0144.txt	비출판물	체험기술	김홍규 칼럼	김홍규	고대신문외	10,795	1994
BKIO0145.txt	전자출판	체험기술	강수지의 스타일기	강수지	HITEL	7,390	1994
BKJO0146.txt	전자출판	인문	CD-ROM으로 보는 이규태코너	이규태	솔빛미디어	25,129	1983~1993
BKJO0147.txt	전자출판	자연	CD-ROM으로 보는 이규태코너 (과학/식물)	이규태	솔빛미디어	22,575	1983~1993
BKJO0148.txt	전자출판	자연	CD-ROM으로 보는 이규태코너	이규태	솔빛미디어	7,586	1993
BKJO0149.txt	전자출판	자연	CD-ROM으로 보는 이규태코너	이규태	솔빛미디어	16,140	1983~1993
BKJO0150.txt	전자출판	자연	CD-ROM으로 보는 이규태코너(과학/자연응용)	이규태	솔빛미디어	6,368	1983~1993
BKJO0151.txt	전자출판	자연	CD-ROM으로 보는 이규태코너 (생활/기상/계절)	이규태	솔빛미디어	8,545	1983~1993
BKJO0152.txt	전자출판	생활	CD-ROM으로 보는 이규태코너(스포츠/스포츠일반)	이규태	솔빛미디어	20,735	1983~1993

Filename	Genre1	Genre2	Title	Author	Publisher	어절	출판년도
BKJO0153.txt	전자출판	생활	CD-ROM으로 보는 이규태코너(스포츠/각종경기)	이규태	솔빛미디어	14,981	1983~1993
BKHO0443.txt	전자출판	체험기술	나의 유럽여행	작자미상	HITEL	12,895	1994
BKHO0444.txt	전자출판	인문	천리안의 종교서적서평	차승옥외	데이콤천리안	5,131	1994
BKHO0445.txt	전자출판	인문	천리안의 철학서적서평	이광래외	데이콤천리안	8,604	1994
BKHO0446.txt	전자출판	사회	천리안의 사회언론서적서평	성태경외	데이콤천리안	11,282	1994
BKHO0447.txt	전자출판	자연	천리안의 자연과학서적서평	국형태외	데이콤천리안	12,393	1994
계						14,496,744	